城镇住宅建设
调控政策研究

贾一苇 · 著

CHENGZHEN ZHUZHAI JIANSHE
TIAOKONG ZHENGCE YANJIU

吉林出版集团股份有限公司

图书在版编目（CIP）数据

城镇住宅建设调控政策研究 / 贾一苇著. -- 长春：
吉林出版集团股份有限公司，2015.12（2024.8重印）

　ISBN 978 - 7 - 5534 - 9788 - 4

　Ⅰ. ①城… Ⅱ. ①贾… Ⅲ. ①城镇－住宅建设－宏观
调控政策－研究－中国 Ⅳ. ①F299.23

中国版本图书馆 CIP 数据核字（2016）第 006871 号

城镇住宅建设调控政策研究

CHENGZHEN ZHUZHAI JIANSHE TIAOKONG ZHENGCE YANJIU

著　　者：贾一苇
责任编辑：矫黎晗　　杨　鲁
封面设计：韩枫工作室
出　　版：吉林出版集团股份有限公司
发　　行：吉林出版集团社科图书有限公司
电　　话：0431-86012746
印　　刷：三河市佳星印装有限公司
开　　本：710mm×1000mm　　　1/16
字　　数：190 千字
印　　张：14.25
版　　次：2016 年 3 月第 1 版
印　　次：2024 年 8 月第 3 次印刷
书　　号：ISBN 978 - 7 - 5534 - 9788 - 4
定　　价：50.00 元

目　录

第一章　绪　论

第一节　研究背景与意义

一、问题的提出

回顾改革开放以来我国城镇住宅建设的发展历程不难看出，城镇住宅建设完全靠市场机制调节存在很多弊端，我国城镇住宅建设市场秩序比较混乱，主要表现为：土地开发不规范，住房供应结构性矛盾突出，房价上涨过快与城镇居民收入水平发展不协调，市场管理比较混乱，房屋质量参差不齐等。2003 年以来，国家综合运用行政、财税、信贷、土地等手段，逐步加大对住房市场的宏观调控力度，但效果不尽如人意，房价报复性反弹、市场秩序混乱等问题仍比较突出。从政策调控角度来看，我国政府对城镇住宅调控的手段不是很成熟，主要有以下几方面的缺陷：行政工具使用过于频繁，经济工具使用不足，法律工具本身不完善，创新工具缺乏，各类工具之间配合不协调以及政府监管缺位。

目前，城镇住宅建设调控政策体系的理论研究与实践操作在国内还比较欠缺，一些学者对住宅建设的宏观调控分析主要是就事论事，缺乏针对住宅建设调控政策的系统化研究。

二、研究的意义

城镇住宅建设关系到民众的生活，对经济社会健康发展具有举足轻重的作用。房地产市场是市场经济体系的重要组成部分，是城镇住宅建设健康发展的载体。我国城镇住宅建设调控措施将有力保障房地产业的健康发展，推动宏观经济的稳定运行，因此，城镇住宅建设调控是房地产市场调控的主要内容，也是宏观经济调控关注的重要对象。综上所述，梳理城镇住宅建设及政策调控发展过程中暴露的问题，分析产生的原因；借鉴部分国家房地产市场调控的经验教训，寻找解决问题的对策；理清思路，提高对城镇住宅建设调控的系统性认识，增强政策调控的有效性，引导我国城镇住宅建设健康、有序发展，是一个重要的课题。这不仅对我国房地产业健康发展具有重要意义，同时也对稳定社会秩序，促进国民经济的持续发展具有积极意义。

第二节　研究对象的界定与相关概念的定义

一、住宅的概念与特点

1. 住宅的概念

住宅①是指专供居住的房屋建筑，它是人们从事社会经济、文化活动最基本的物质前提之一，是人们安居的处所。本书所论述的住宅是指城镇②住宅。

---

① 摘自百度百科 http://baike.baidu.com/view/58553.htm.
② 我国的城镇体系包括城市和镇。

2. 住宅的特征

住宅除了具备商品的一般属性外还具有以下四个方面的特殊性。[①]

（1）必需性。住宅是居民生活的必需品，其社会需求会长期存在。住宅商品的必需性，决定了其必须受到政府的干预管理，政府对城镇住宅市场的调控和监管要比其他商品市场更严格，以维护社会和经济发展的稳定。

（2）高值性。住宅是一种高价值商品，自我国实施房改以来，购买住房已成为城镇居民家庭生活支出的主要方面，因此控制房价平稳是满足和改善居民居住水平的重要调控内容之一。

（3）耐久性。住宅的自然生命周期一般可达50年左右，年均自然更新率仅为2%左右，耐久性决定了消费者在居住需求得到满足后，不容易再产生新的需求。因此消费者更新住宅的动机往往不是因其住房超过了寿命，而是由于收入、家庭人口数量或结构、工作性质、工作地点、需求偏好、环境等方面导致的改善性需求的产生。

（4）固定性。住宅一般是不可移动的，不能像一般商品那样以实物形态移至特定市场中进行交易，交易行为发生后一般也不能携带和搬挪，故其又被称为不动产，从投资角度看住宅的投资建设是从属于固定资产投资的一项重要内容。

二、住宅市场的概念及特征

1. 住宅市场的概念

本书提到的住宅市场主要是指城镇住宅投资建设与销售发生的关系总和，属于产品生产与交易的范畴。与一般商品市场相同，住宅市场是以一定交易方式由买卖双方、住宅商品本身、住宅价格等市场要素构成的。

———————————

① 孔颖：《影响我国城市住宅市场供求关系的相关因素研究》，吉林大学 2006 年硕士学位论文，第 16—17 页。

2. 住宅市场是房地产市场的一部分

房地产市场[①]是从事房产、土地的出售、租赁、买卖、抵押等交易活动的场所或领域。房产包括作为生活资料的居民住宅，也包括作为生产资料的厂房、办公楼等。所以，住宅市场属于生活资料市场的一部分，非住宅房产市场则是生产要素市场的一部分。住宅也是一种自然商品，因而建立和发展从事住宅交易的市场是经济运行的要求。其中住房的生产要素——土地的市场与住宅市场关系紧密。我国城市土地归国家所有，农村土地归集体所有，永久出让土地所有权是不允许的。因此，一般说来，住宅市场中关于土地的交易活动是指土地使用权的转让或租赁。

在我国城镇市场体系的大系统中，住房市场是其中的一个子系统，作为不可缺少的生产要素市场和最终消费品市场，住宅市场在城镇的市场体系建设中，占有重要的位置。

3. 住宅市场的特征

住宅自身的属性和特征决定了住宅作为不动产在市场中交易运行，自然与其他商品市场有所区别。住宅市场的特征，可归纳为以下几个方面：

(1) 区域性：又称为"本土性"或"属地性"。住宅产品的固定性决定了住宅市场具备区域性特征。住宅市场的供给、需求和价格水平既推动本地区（城市）经济社会发展，也依托于本地区经济社会的发展速度，还取决于在城市中的分布区位。因此，住宅市场发展的区域性特征是自然存在的客观事实。

(2) 与地区经济的互动性：根据住宅市场的区域性特征可以看出，住宅市场的发展变化通常能够起到判断地区经济发展的"晴雨表"作用。如前所述，目前住宅市场的载体——房地产市场是城镇市场体系中最主要的市场，由于房地产业具有广域性的产业带动作

---

① 摘自百度百科 http://baike.baidu.com/view/319340.htm? fr=ala0_1_1.

用，所以房地产投资将带动经济增长为地方创造更多效益。房地产市场是政府调控的主要内容，根据其特点，我国政府在 1997 年将住宅业定义为"国民经济新的增长点和消费热点"，以促进城市和区域经济的发展。

（3）不完全竞争性：住宅市场是一个不完全竞争的市场。完全竞争市场的特点是：市场上有无数的买者和卖者，每一个消费者或每一个厂商都是市场价格的被动接受者；同一行业中的每一个厂商生产的产品是完全无差别的；厂商进入或退出一个行业是完全自由的；市场中消费者和厂商都掌握全部信息。可以看到住宅市场不满足这四个特征，原因是：第一，高价值、生产周期长、投入资金量大以及土地资源的稀缺性等特点决定了房地产商自由出入市场相对困难。第二，由于住宅市场的区域性特征，房产商会根据区位差异、消费者的需求偏好谋求利润最大化，因而房产商建造的住宅存在差异。第三，住宅交易过程复杂，供求双方信息不对称，交易成本高。住宅市场的不完全竞争性使得均衡价格高于完全竞争，均衡数量少于完全竞争，市场无法自动实现帕累托最优。

（4）政府干预的必要性：美国经济学家斯蒂格利茨提出了政府干预的必要性。根据前文对住宅市场的信息不对称性和竞争不完全性的分析可以看出，市场无法自动实现帕累托最优，换言之，纯粹以市场自由竞争形式来组织住宅投资和建设，很难同时兼顾经济效益、社会效益与环境效益。当市场参与者的利润最大化与经济、社会与环境的效益最大化激烈冲突时，政府的干预就是完全必要的，需要以行政法规和财政金融等手段对住宅市场的运行进行调控和监管。

（5）市场调整的滞后性：主要表现为对经济发展短期波动的滞后性与对政府政策调控的滞后性。住宅市场对经济发展的短期波动不敏感导致市场调整滞后，虽然住宅产业的发展与国民经济的发展趋势大体一致，但由于住宅市场的不完全竞争性，在经济趋向繁荣和走向衰退时，住宅交易价格的上涨、下跌都不是随即显现出来的，对经济的短期波动反映滞后并且有时表现为不敏感。由于市场对经济波动的调整滞后，政府使用经济手段干预住房市场具有时滞性，表现为住房市场调控效果不显著。

3. 住宅市场的分类

由于经济发展基础、城市化水平、消费偏好以及文化观念的不同，我国城镇住宅市场的划分标准[①]与发达国家存在较大差异，国外对住宅市场的划分标准主要有按楼体高度、结构形式、建筑形式、房屋政策属性以及价格高低等分类标准。本书采用价格高低的标准区分城镇住宅市场，主要划分为廉租房和平租房市场，研究的主要对象是遵守市场运行的商品住宅，即别墅和高级住宅、普通商品房。

三、城镇住宅建设调控政策体系

1. 城镇住宅建设范围界定

本书将城镇住宅建设定义为：依法取得国有土地使用权，在城镇规划区范围内进行住宅的投资建设行为。城镇住宅建设既是生产住宅的过程又是对住宅进行投资的行为，其规模反映了城镇住宅的供求状况。

2. 城镇住宅建设的政府调控

政府的经济管理职能[②]是指政府根据经济社会发展的需要，依据法律法规，运用经济手段和行政手段，调控宏观经济，管制微观经济，管理市场客体和市场载体，规范市场主体活动。城镇住宅建设调控政策就是政府运用经济、行政、法律等各种手段对城镇住宅建设进行的调控与管理。本书对城镇住宅建设调控政策体系的研究，将把研究重点聚焦在中央政府、地方政府及相关部门根据住宅

---

① 温海珍、贾生华：《市场细分与城市住宅特征价格分析》，《浙江大学学报》（人文社会科学版）2006年第2期，第156—157页。

② 刘文俭、姜亦凤：《市场经济条件下政府经济管理职能定位及其实现》，《青岛大学师范学院学报》2008年第3期，第15页。

市场发展及住宅建设投资过程中不同阶段的表现特征，运用各种调控手段对城镇住宅建设投资活动进行干预管理方面。

　　3. 城镇住宅建设政策调控体系

　　根据上文对城镇住宅建设政策调控研究重点的说明，本书涉及的城镇住宅建设调控政策体系主要包括：法制手段（主要是法律和法规）进行强制性规范）、经济手段（主要是金融、税收、价格、土地等经济政策）进行调节；协同行政手段（主要是规划、计划等）；舆论手段（信息与宣传等）。同时建立和完善城镇住宅建设宏观调控政策的评价标准，主要分为两部分：关注和考察住宅建设投资活动的数量指标以及关乎行业健康发展的评价指标。目的是防止在住宅建设政策评价上以偏概全，以使城镇住宅建设调控政策体系有效发挥作用，保障住宅建设围绕着促进经济、社会与环境可持续发展、提高人民居住水平这个中心目标，健康、有序、持续地运行。

第三节　研究的目标、方法

一、研究的目标

　　本书最主要的研究目的是通过分析城镇住宅建设与人民居住水平的现状和问题，根据我国的国情，借鉴国外的经验，提出政策体系设计思路，给出政策建议，促进城镇住宅建设的可持续发展，以纠正市场失灵与政府失灵。具体来讲，包括以下几个方面。

　　（1）对城镇住宅建设及调控政策体系总体目标、指导原则和总体模型进行研究，为后续系统地研究住宅调控政策体系提供参考。

　　（2）对城镇住宅建设及调控政策体系的运行机制进行设计，以更好地综合利用多种手段实现调控目标。

（3）最后根据政策体系模型，对近期如何有效地调控住宅市场给出可行性建议，为政府实施调控政策体系提供参考。

二、研究的方法

城镇住宅建设调控政策体系研究是一项理论与实践紧密结合的课题。这一课题涉及多门学科，内容比较广泛，需要系统的、科学的研究方法作指导。本书的研究方法主要有以下几个。

1. 调查分析

通过对相关资料的收集、分析，总结经验，查找问题。

2. 系统论

本书用系统论方法的思想分析城镇住宅建设问题产生的原因，并构建调控政策体系的总体模型、提出解决问题的方案，它是贯彻本书的主要研究方法。

3. 规范分析与实证分析相结合

规范分析是要说明"应该怎样"的问题，实证分析是从客观角度说明"是怎样"的问题。在本书中，对城镇住宅建设政策调控的措施建议是从规范分析的角度提出的。而对政府调控的问题及部分手段效果的论证是用实证分析的方法，

第四节　本书的内容和创新之处

一、本书的内容

城镇住宅建设调控政策体系涉及多元目标体系。本文主要从纠正城镇住房市场失灵、规范城镇住宅建设行业发展的目的出发，主要对宏观调控、微观规制、行业管理等调控政策干预管理的相关内

容进行研究。研究内容主要涉及住宅建设前中央政府及相关管理部门、地方政府控制土地价格，制定住宅建设计划，开发实施过程中政府对房地产行业的管理，以及影响开发前后整个过程的财税、金融、信息公开的管理。城镇住宅建设调控政策体系的目标、政策工具、调控对象、效果评价构成了一个系统，因此，本书拟从系统论的角度对城镇住宅建设调控政策体系进行研究。

根据研究的问题，本书的研究内容包括以下四个方面：

（1）国内外住宅建设调控政策研究。包括美国、德国、新加坡等国家和地区住宅建设调控政策的发展历程和现状，总结经验和教训。

（2）我国城镇住宅建设及政策调控发展中存在的问题研究。分别从我国城镇住宅产业发展环境、城镇住宅建设的发展历程、城镇居民住房现状及存在的问题、城镇住宅建设调控政策变迁过程和实践效果进行分析，最后分析总结我国住宅建设及政策调控过程中存在的问题，为下文构建城镇住宅建设调控政策体系奠定基础。

（3）我国城镇住宅建设调控政策体系的研究。包括目标体系、政策体系框架、政策工具组合的选择、调控的时间点与途径以及政策实施的评价效果指标。

（4）加强城镇居民住房建设的政策建议。基于上述政策体系框架的建立，针对我国城镇住宅建设发展状态存在的问题，提出了具体、可操作的政策建议。

二、本书的创新

第一，研究内容创新。本书将系统地研究我国城镇住宅建设的政府投资，对住宅建设的投资规模、投资结构、人民居住水平，以及"十二五"时期与"小康社会"时期的住房投资需求预测分析，把握城镇住宅建设的脉络特征，分析并借鉴部分国家和地区对调控住宅建设建立的政策理论框架，构建在经济转型期我国调控城镇住宅建设的一般政策理论模型。

  第二，研究结论创新。通过对我国城镇住宅建设的发展历程、城镇居民住房及投资状况等方面的分析，提出我国政府在计划经济向市场经济转型期对住宅建设调控采取的系统性行政与经济手段，重点构建了城镇住宅建设调控政策体系的总体模型。明确了政策体系直接调控的主导功能、间接调控的辅助功能以及两者之间的协调，分析了政策工具组合发挥效用的时间点与途径，使政策调控的各种手段形成了一个完善的、相互关联的系统，为我国城镇住宅建设政策的制定和实施提供参考。

第二章 相关理论与文献综述

第一节 政府干预住宅市场的必要性

一、房地产开发政府管理失灵问题研究

我国已初步建立起市场经济条件下政府管理的体系，对房地产发展进行了卓有成效的管理，但市场失灵、政府失灵的现象依然存在，影响了房地产的可持续发展。为此，很多学者对政府失灵问题进行了研究，研究方向主要集中在政府管理存在的问题以及原因等方面。

1. 房地产开发政府管理存在的问题

从对房地产开发造成的不利影响角度，研究发现，政府管理问题主要体现在政府管理的机制、宏观调控、土地管理、规划管理等方面。杨波和杨亚西（2006）认为在城市土地国有的制度安排下，城市房地产问题的真正症结在于政府管理，当前我国政府管理城市房地产存在错位、越位和缺位等突出问题。骆汉宾（1998）认为，宏观调控乏力、职能部门管理方式落后、监督机制不完善导致政府管理机制不完善，是房地产开发政府管理存在的主要问题。房地产开发的不规范很大程度上源于政府管理的不规范（贺伯锋，1998；罗龙昌，1999）。我国房地产业宏观调控存在的问题，是房地产宏

观调控手段单一、房地产宏观调控机制不成熟、计划手段调控的思路仍占主导地位（张英佩，2006）。我国目前存在土地收益分配和监督机制不健全、土地规划难以落实、土地政策缺乏与其他宏观调控手段配合等问题（黄凌翔、陈学会，2005）。我国地方政府管理存在的问题：一是压低地价甚至以零地价"招商引资"与商品房用地批租却追求土地收入最大化的地价二元化供地模式；二是土地使用与房价的监管不严、用地透支给了开发商囤积土地的机会；三是规划超编、监管力度不够导致土地收益外溢；四是一些地方政府的大量土地收益没有完全进入财政口袋，有些收益则成为少数人腐败的源泉；五是中央政府与地方政府的利益矛盾问题（王成，2006）。房地产规划管理存在的问题：规划编制滞后于房地产开发、规划变动问题较为突出（主要体现在开发企业变动项目规划、政府变动规划）、政府内部以及与企业在规划管理上缺乏信息沟通（唐晓莲、魏清泉，2006）。

2. 房地产开发政府管理失灵原因研究

对于房地产政府管理失灵原因，很多学者进行了研究。主要结论是：失灵的原因主要是政府管理体制、调控手段、调控能力、制度、地方政府行为、政府价值观等几个方面存在问题：

（1）管理体制不完善。政府调控能力和管理体制存在缺陷，不能适应房地产发展需要（隋振江，1995）。在我国特定的土地产权制度下，因现行法律制度和行政体制不完善等原因，造成政府这一特殊市场主体行为偏离社会公共利益需要，导致房地产市场出现土地供应不足或供应过度、土地成本和土地供应价格不遵照市场机制运行和市场不能通过价格信息来自行调节等市场制度性缺陷（黄晓忠，2002）。

（2）调控手段不一致。中央和地方政府在产业调控上存在不一致的现象，在调控手段的运用上存在不足和欠缺，如行政手段运用方面"一刀切"现象严重、法律手段运用水平有限、经济手段运用效果不尽明显等（刘宝香，2005）。目前的房地产调控没有考虑到公众的预期，政策在时间上的不一致性造成了政府调控目的无法实现（孙寒冰、李世平，2005）。

（3）政策体系不协调。我国房地产宏观调控有效性不足的症结所在是没有一个相对稳定、完善的房地产宏观调控政策体系。政策体系内部子政策之间缺乏协调，部分政策缺位、政府没有明确自身在调控中的职能。在政策制定过程中没有前瞻性，政策制定不能因地制宜。在政策执行中，中央政府没有给予地方政府适度的授权，地方政府缺乏执行的积极性。中央政府、地方政府、房地产开发商的博弈使得政策执行缺乏应有的力度。政策监控措施没有新举措，检查组式监控模式容易造成"上有政策，下有对策"的局面。而所有这些问题的出现可以归结为在政策目标确立以后，目标和效果之间缺乏一个有效的桥梁，也就是说政策工具选择存在问题（韩万渠，2006；曹剑光，2007；朱宇、尹宏祯，2006）。

（4）政府行为偏离社会利益。主要观点认为政府对房地产的调控存在行为不当的问题。现实中政府某些"当事人"在制定和实施政策时以私人利益为重，忽视社会利益和公共利益的最大化；政府的决策经常受到压力集团的影响，这些代表某些既得利益集团所施加的压力，会使政府的政策经常背离理想的资源配置目标；政府的决策很难获得完全信息，不完整的甚至错误的信息都可能使政策产生负面作用（李朝晖，2002；唐茂华，2005；方梅、王剑秋、宋生华等，2006）。除上述主要原因外，还有学者认为政府对房地产开发的调控失灵是由于政策周期（周期怎么了？）（何国钊、曹振良，1996）、权利主体虚置、政府管理越位和缺位等方面的原因（张华、陈朋，2007；刘长发，2007）。

二、政府干预管理住房市场的必要性和目的

1. 房地产开发政府管理的必要性

由于住房市场属于不完全竞争市场，完全由市场配置相关资源、通过自由竞争组织住宅投资和建设，难以实现经济效益、社会效益与环境效益的统筹兼顾。因此，住房市场需要政府运用法律、财政、金融和行政等多种手段综合对其运行进行调控和监管以达到经济效益、社会效益与环境效益的统筹兼顾。脱离宏观调控的房地产市场难以健康、有序发展，许多学者对住房市场调控的概念、目标、体系进行了系统地理论分析。

(1) 住房市场调控是指国家相关政府部门，为达到政府对住房市场建设的既定目标，运用金融、财政、行政等多种手段对住房市场投资规模、结构、布局、建设行为及投资品供应等方面进行的调控（罗龙昌[①]，1999；项卫星等[②]，2007）。

(2) 政府宏观调控以保持房地产业和住房市场的可持续发展为目标，即土地资源利用、人居生态环境、住房市场的可持续发展（曹振良等[③]，2003），实现经济、社会和环境的全面、科学、协调的可持续发展。

(3) 住房市场调控的应采取总量与结构、供给与需求、直接与间接等调控方式相结合，综合运用法律法规、经济、行政以及启发引导等多种调控手段（吴兆华，1995；韩万渠[④]，2006）。

2. 国外房地产市场管理的研究理论

住房市场发展比较成熟的国家，拥有比较全面的法律法规体系。国外由于实行土地私有制，土地的供求主要是靠市场调节。大部分发达市场国家的住宅产业化水平较高，已过了住宅增量市场快速发展时期，与存量市场相比房地产增量市场的规模有限，人口、收入水平、社会结构等保持稳定，住宅建设更追求品质。因此，对住房市场发展较成熟的国家政府如何调控市场的研究不多。通过大量的文献检索，成熟住房市场政府干预研究主要集中在干预的必要性、政府在住房市场中的角色与作用、干预手段及取得的效果这几方面，调控方式的研究则较多集中在对住房市场的数量调节和价格调节。

---

① 罗龙昌等：《城市房地产开发规范化管理》，暨南大学出版社1999年版。
② 项卫星、李宏瑾：《市场供求与房地产市场宏观调控效应——一个理论分析框架及经验分析》，《经济评论》2007年第3期。
③ 曹振良：《房地产经济学通论》，北京大学出版社2003年版。
④ 韩万渠：《我国房地产宏观调控政策工具研究》，天津大学2006年硕士学位论文。

（1）Grigsby[①]（1977）总结出政府调控住宅建设市场的理由：优化住宅市场的分配，加强住宅外部标准的执行力；实现规模经济，节约社会资源；确保住宅市场外部成本的内部化；确保最低住宅消费水平，保持社会稳定；保障与住宅消费相关的公共服务设施；调整社会财富的再分配；通过房地产市场调控稳定国家经济周期；创建住宅市场运作规范。

（2）由 Burns 和 Grebler[②]（1977，第 5 章）提出的"住房干预理论"，以市场失灵、分配不均、有益物品、公共服务、规模经济等通用干预理论为基点，强调必须进行政府干预。

（3）Clapham[③]（1996）通过分析英国住房体系的演变，认为住房市场波动源于其内在不平稳性，进而增强国民经济体系的整体波动，住房完全市场化与经济发展最优化的目标不能同时达到。因此，政府对住房市场的干预，在实现社会住房政策目标上是必要的，对经济发展也是有利的。

（4）Quigley[④]（1999）以"Real Estate Prices and Economic Cycles"为主要内容发表论文，基于美国和加拿大的发展过程，从优化收入分配、保护居民消费、解决外部性等方面阐明了政府参与住房建设市场的必要性。

（5）Ball[⑤]（2003）认为住房市场的有效运行需要政府部门的引导，包括：提供稳定的经济社会环境；取消抑制住房市场活动的政策；规制保障住房和相关抵押贷款市场运行的法律规章；提供明确的建筑规制和土地利用规划框架；将政府投资集中在基础设施上，

①　Grigsby，"Re-thinking Housing and Community Development Policy"，*U. Pennsylvania Press*，1977，转引自张金鹗（1991）。

②　Burns, L. & Grebler, L.，"The Housing of Nations: Analysis and Policy in a Comparative Framework"，Macmillan，1977。

③　Clapham, D.，"Housing and the Economy: Broadening Comparative Housing Research"，*Urban Study*，1996，33(4—5)：631—647。

④　Quigley, J. M. "Real Estate Prices and Economic Cycles"，*International Real Estate Review*，1999(2)。

⑤　Ball，M.，"Improving Housing Markets."，*RICS Leading Edge Series*，2003.

而非对住房发放补贴和减免税收。

（6）罗森[①]（2005）认为"住房市场是一个自由竞争主导的市场，但只有在联邦政府采取必要措施下才能保证公平和效率"，其中效率指住房消费的正外部性和贫民窟负外部性，联邦住房补贴减轻了州不动产税对住宅消费的强烈抑制作用，而公平是指向社会弱势群体提供保障性住房等。他特别指出："住房市场外部性是实施住房补贴政策的决定性理由。这些外部性产生影响的过程很难得到充分理解，而且此类影响的广度、深度、重要性难于量化。同样的问题出现在社会财富再分配方面。"

三、房地产开发政府管理有效性问题研究

在对房地产开发政府管理存在的问题及原因的研究基础上，如何能使政府管理更加有效、以纠正市场失灵与政府失灵，很多研究人员从管理思路与政策措施方面进行了研究。

1. 房地产开发政府管理思路

关于房地产政府干预管理的思路，主要观点是政府干预与市场机制相结合，以适应市场经济要求；协调调控手段，规范政府行为等方面。

（1）政府干预与市场机制相结合

我国房地产市场发展应以其内在市场机制为导向，以严格一级市场、扶持二级市场、控制三级市场为原则，充分发挥政府部门对房地产市场宏观调控机制的作用，做到政府干预机制"对症下药"，促使房地产市场健康、稳步发展（刘长发，2007）。应从深化政府管理体制改革入手，以服务市场为出发点，以转变职能为落脚点，以提高整体效能为目标构建市场调节与政府调节相互配合、协调运行的房地产市场调控体系（隋振江，1995）。应建立政府宏观调控

---

① ［美］哈维·S. 罗森：《住房补贴对住房对策、效率和公平的影响》，公共经济学手册（卷1），经济科学出版社2005年版。

的长效机制，建立和健全房地产产权制度、继续推进房地产经济体制改革以及城市经济体制改革，建立和健全与我国房地产市场经济相适应的宏观调控体系（刘宝香，2005）。

（2）协调调控手段，规范政府行为

政策工具的选择不是简单的政策工具组合，政策工具的选择运用是一个系统工程，各政策之间有一个互相制衡、互相协调的结构，应该构建一个完善的政策体系以及政策运作机制，才能够使各个政策充分、有效、适时地发挥自身的优势。政府干预应以我国的现实国情为根本，对西方国家的成功经验加以选择性、创造性借鉴（韩万渠，2006）。

地方政府对房地产市场有很大的影响，房地产宏观调控的关键在于刚性的落实，在于地方政府贯彻落实房地产调控政策的执行力。因此，地方政府应该尽快完成角色转换，在新一轮的房地产宏观调控中发挥出其积极作用，在房地产调控中有所作为，以期标本兼治、稳定房价，促进我国房地产市场持续、健康、平稳发展（韩万渠，2006）。宏观调控应从完善国家房地产市场法律保障和运营体系着手，用完善的房地产市场法律保障和运营体系代替政府对房地产市场以行政命令为主的宏观调控手段，减少政策的波动性；在遵循资源与人类可持续发展原则上强调合理进行城市整体规划的重要性，减少大城市资源过度失控；建立健全贫困人口住房保障体系；完善我国房地产金融发展模式（贾兰，2005）。

2. 房地产开发政府管理措施

针对城市房地产开发及政府管理存在的问题，很多学者从规范化管理及宏观调控的角度提出了自己的观点，研究成果主要集中在综合调控政策、价格调控政策两大方面。

（1）房地产开发规范化措施、对策的研究

主要观点认为：①政府规范房地产开发应从土地供应管理、房地产开发秩序和法制建设三个方面进行；②规范房地产开发需要做好三项重点工作，即提高房地产开发企业的竞争力、完善开发土地供应机制和推进房地产开发的法制建设；③房地产开发宏观管理应运用投资计划、开发资质等管理工具加速行业规范化、法制化进程；④对于规范房地产管理的具体措施，在开发项目管理方面要加强投资计划管理，研究建立一套住宅项目审批的评价指标体系、评价标准；土地要加强总量调控，建立住宅用地储备制度（张旭，2001；于荣宁，2003；刘艳丰，2005）。

（2）采取协调的综合调控政策

李朝晖（2003）对中国香港和内地的房地产业政府管理与政策进行了比较研究，对内地房地产业政府管理的政策提出了系列建议：①改革现行的房地产管理体制。在构建新的房地产业管理体制时还应该保证房地产决策机构与房地产管理机构要分离，即凡涉及土地、房屋、城市规划等方面决策的事务，应由专门的决策机构负责，而房地产管理机构只承担日常行政管理职能；②建立完善的房地产法律体系，加大执法力度；③强化政府在解决中低收入家庭住房问题中的主导地位，完善住房保障体系；④大力发展政策性房地产金融的同时，为房地产金融证券化创造良好的条件；⑤加强政府自身建设，规范政府行为，防止政府失灵。刘宝香（2005）针对我国政府在房地产业发展中的调控问题，对建立健全我国房地产宏观调控体系提出了相关建议：建立健全房地产产权制度，理顺房地产价格关系，进一步加强房地产经济体制改革、城市经济体制改革，建立健全与我国房地产经济相适应的宏观调控体系。要正确运用宏观调控的具体方式和手段，注意房地产宏观调控措施的"差异化"与弹性，重视房地产宏观调控的综合效应。解决房地产业结构失衡的关键在于实行两级政府联动，强化宏观管理和微观管理。其长效机制还在于构建和谐的城市体系和合理的房价梯度（唐茂华，2005）。应协调土地政策与其他宏观调控手段，完善中央政府对地方政府的考核和监督机制，完善农村土地制度，建立科学的规划体系，完善土地供应计划，加强国土资源管理部门内部建设等（黄凌翔、陈学会，2005）。针对高房价和高空置率并存的干预手段，加大对闲置土地的处置力度，加强对房地产开发建设周期的管制，对开发商统一开征物业税，降低市场准入门槛。针对房地产市场结构矛盾的干预手段包括金融、财政政策调控、规划方案管制、优化不同区域土地供应结构、提供真正经济适用的公共住宅等。针对房价上涨幅度过大的干预手段包括建立房地产市场信息披露制度、增加房地产开发土地供应、期房交易管制、税收调节。以纠正制度性缺陷、平衡政府作为市场主体和干预者两种角色之间的关系为目的，可以从以下几个方面入手：理顺地方政府的利益分配机制、改革中央政府对地方政府官员的考核指标、改革和完善房地产开发土地供应的市场配制机制（黄晓忠，2006）。

（3）价格调控应打"组合拳"

住房价格是反映房地产市场状况的一个综合指标，因此，许多学者建议从多个方面共同遏制房地产价格的快速上涨。在土地制度上，建议盘活存量土地，完善土地供应办法，增加用于商品住宅的土地供给；在税收上，进行深入的结构性调整，加强税收的调节作用抑制短期炒作行为，控制投资性购房，建议内地开征级差利得税，政府可以考虑对购买商品房后短期即转让的所得税课以高税率（韩万渠，2006）。出让住房项目国有土地使用权之前需要完善城市规划和土地开发计划、住房建设规模，确定开发地块及其设计限制条件，按照地块设计限制条件组织招标，建立住房项目国有土地使用权的双向招标制度（李加林，2006）。除灵活、综合运用金融、土地及税收政策调控和管理房地产业外，当前对影响房地产经济活动的非政策因素还应注意以下四个方面：第一，对地方政府行为的控制，树立科学的发展观和正确的政绩观，落实稳定房价责任制，消除地方保护主义，迫使地方政府从对房地产的深度介入转为适度远离；第二，对开发商及银行的控制，要加强对房地产开发商违法行为的打击力度，执法要严，加强对银行等金融机构的执法监督力度，遏住投资商的资金命脉；第三，完善公共住房保障体系，加强廉租房建设；第四，为了加强对房地产市场运作的调控，建立一个公正、公平、公开的市场运作机制，促进房地产市场健康发展（贾兰，2005）。

第二节　住宅市场政府干预的调控手段研究

政府可以采取多种方式手段对住宅市场进行干预，主要有宏观政策调控、微观规制调控和行业管理三个方面。

一、宏观政策调控研究

在政府宏观政策调控方面，国内外相关理论均较为丰富，主要理论内容如下：

（1）干预住房供给的手段：计划规划、资本、土地、劳动、准入的管制，生产补贴、质量、数量、结构的管制，融资价格、额度、水平的管制等（Lundquist[①] Delft University 1992）。

（2）住宅市场宏观调控体系是由多种手段综合作用、有机形成的。具体手段包括：以法制手段（立法执法相结合）进行规范，以经济手段（金融、税费、补贴、价格管制、土地等经济政策）进行调节，以行政手段（主要是规划计划、结构调整、财产权管制、行政处罚等）进行管理，以舆论宣传的手段进行引导，使住宅建设市场健康、可持续运行（宋春华[②]，2000）。

（3）美国政府干预住宅市场的方式有：财产权、契约管制，税

---

① Lundquist, L., "Dislodging the Welfare State?", *Delft University Press*, 1992.

② 宋春华. 2000 年在全国房改及房地产工作座谈会上的讲话摘要。原文还谈到建立完善的住房供应体系、建立完整的房地产市场体系、建立全面的住宅产业现代化体系和建立优良的市场服务体系等问题。

费、补贴调节，公共服务供给量调节。住房市场受到联邦、州以至市政府的大量干预，具体措施包括：立法规定建筑物必须满足的质量标准；规划城市功能区限制既定范围内的土地使用用途；立法禁止住房销售歧视；租金水平管制；抵押贷款利率和其他管制；不动产税收；通过流通征用权使私人开发商获得城市土地，通过消除"贫民窟"改善城市环境和景观；调节信贷市场流入住房建设的资金流（Turner，Malpezzi[①] 2003）。

（4）通过对中国香港住宅市场中相关政策的研究，主要研究内容包括土地使用规划对土地价格、土地供给、住房供给以及房价的影响，得出土地使用规划（区域规划、住房容积率规定）对房价有影响的结论（Eddie Chi-man Hui，Vivian Sze-mun Ho[②]，2003）。

（5）另据 Economist Intelligence Unit：ViewsWire（2006）报道：在市场化的进程中，乌拉圭已取消了大部分价格管制，但在 2000 年 7 月和 2001 年 2 月分别颁布了反托拉斯紧急法律，该法令禁止恶意规避或削弱政府限制或破坏竞争市场的共谋（垄断或寡头垄断）。在此法律基础上，政府管理部门对住宅价格上涨额进行限制，使用罚款、停业、没收部分资产等手段对那些破坏和阻挠竞争的住房经营企业进行惩罚，规范住房市场企业的行为，提高住房市场的效率。

（6）住房市场宏观调控应以"统一领导、相互协调"，"反经济周期"，"管而不死、活而有序"，"以经济手段为主，多种调控手段相结合"为原则（彭坤焘[③]，2008）。要实现住房市场的宏观调控目标，必须做好法制、投资、舆论等环境建设等基础性工作，这是宏

---

①　Tumer，B. & Malpezzi，S.，"A Review of EmPirical Evidence on the Costs and Benefits of Rent Control"，*Swedish Economic Policy Review*，2003，10；11—56．

②　Eddie Chi-man Hui，Vivian Sze-mun Ho，"Does The Planning System Affect Housing Prices? Theory and With Evidence from Hong Kong "，*Habitat International*，2003(27)．

③　彭坤焘：《宏观调控下的住房开发特征研究》，同济大学 2008 年硕士学位论文。

观调控发挥作用的基础（王庆春[1]，2003）。

二、房地产微观规制研究

政府经济管理部门对住宅市场的干预可以将宏观调控与微观管制相结合，在微观层面发挥政府调控作用。

我国城镇住宅市场经历了从政府严格管制到放松管制的过程，由计划经济时期政府直接供给发展到当前主要由市场供给。近几年对住宅微观管制的研究有较大的突破，主要集中在政府对住宅建设实施微观管制的范畴、土地利用、房屋建筑质量、住房市场交易信息等手段的选择及实施的效果。

王洛林[2]（1997）界定了政府微观管制的内涵，将其内涵表述为：政府立足于生产者、消费者和税收者之外，作为执法者站在中立的立场上，对微观经济主体（以住宅的生产者为主，即房地产开发企业）依据法律法规实施外部管理。余晖[3]（2004）认为政府管制是依法以行政行为，如制定规章、许可，监督检查，行政处罚和裁决等，对市场经济活动中参与的个体行为实施直接的影响和管制。

（1）政府管制的必要性与范围。况伟大[4]（2003）提出了应采取限制住宅项目规模的行政措施，防止空间垄断对房价的助涨作用。通过分析，他认为北京住宅市场是垄断性的，政府应进行管制。方惜[5]（2006）认为，住宅建设中的政府管制由土地利用、企业规模、住宅质量、企业的利润率、保障性住房的建设与提供五个方面组成。政府对城镇住宅建设进行微观管制，但是微观管制的手

---

① 王庆春：《房地产开发调控的几个基本理论问题》（下篇），《城市开发》2003年第12期。

② 王洛林：《政府与企业：从宏观管理到微观管制》，福建人民出版社1997年版，第228页。

③ 余晖：《谁来管制管制者》，广东经济出版社2004年版，第8—14页。

④ 况伟大：《市场结构与北京市房价》，《改革》2003年第3期。

⑤ 方惜：《城市住宅开发中的城市政府微观管制研究》，厦门大学2006年硕士学位论文。

段与内容需要深入调查研究市场状况，根据实际情况进行调整。

（2）土地利用管制研究。土地用途管制作为单独的管制手段一般难以达到调控效果，王文成（2008）研究指出加强土地管制的结果必然是地价和房价的同步上涨。在研究我国现有土地管理体系的基础上，郭洁①（2005）建议对现行土地价格的法律管制从法律体系、调整范围、指导性土地价格和制裁机制等方面进行改革，通过建立并完善土地总量管制制度，强化城市土地价格管制。

（3）住宅质量管制研究。政府对住房社会性管制的重要内容是对住宅质量的控制，有保障的住宅质量必须依托于高素质的建设者，质量可靠的原料设备和必需的科学技术。提高住宅质量管制效率应从构建和完善住宅质量保证体系、优化和推进住宅性能评定标准、强化住宅质量检查入手（王洪泉②，2003；冯建农③，2004）。

（4）住宅建设信息公开管制研究。施鑫华、阮连法（2003）提出利用政府管制来提高住房市场信息透明度，弥补住房市场交易双方信息不对称的缺陷，提高市场效率。钟华④（2006）研究了住宅市场信息披露制度化的必要性，具体阐明了信息披露制度涉及的范围、方式、质量、数量及监管等建议。郭志涛、刘耀伍⑤（2007）探讨了建立住宅市场信息公开法律制度的可行性，提出该法律制度是包括立法、指标、内容的完善等多个环节的有机组成。

（5）住宅产业的管制研究。第一，遵循市场经济规律以促进有

①　郭洁：《论土地价格法律规制的若干问题》，《法商研究》2005 年第 2 期，第 53—60 页。

②　王洪泉：《商品房质量监控与工程施工的质量控制》，《中国房地产》2003 年第 8 期，第 32—33 页。

③　冯建农：《应强化政府对住宅工程质量的监管作用》，《开发与建设》2004 年第 9 期，第 34—35 页。

④　钟华：《试论房地产业信息披露制度的构建》，《胜利油田职工大学学报》2006 年 3 期。

⑤　郭志涛、刘耀伍：《房地产信息公开制度的建立》，《科技与管理》2007 年第 6 期。

序竞争，减少政府过度干预，使市场逐渐成为住宅市场中资源配置的主要方式；第二，要建立规制政策与制度，通过制度保障市场的平稳运行，并对各种执行中的规制加以完事；第三，要加强住宅质量标准监督执行力度；第四，要促进市场信息公开，增强市场透明度；第五，要增强制度法规的执行，确保法规的威慑性（陈学会[①]，2004）。要提高政府部门对住宅开发企业的准入管制效率，必须加强资质管理，抬高开发企业的准入门槛，应采取市场的经营主体准入资质（方惜，2006）。

三、住房市场行业管理研究

政府的行业管理也属于微观规制，主要是通过对企业市场准入资质进行管理。行业管理对规范开发企业的行为，保证开发过程，保证开发效率有重要作用。对于这方面，学术界对行业协会的自律作用进行了较为深入的研究。

（1）政府与行业协会的关系。政府主管部门与行业协会是相辅相成的关系，并非从属关系。目前，我国住房市场的行业管理职能由政府部门向行业协会逐渐过渡，政府依法对行业协会施行管理与指导；行业协会以协会章程为依据管理会员。在具体实施中，主管部门与行业协会所发挥的作用，由市场发展和行业成熟程度来决定（孙逊[②]，1999）。

（2）行业协会的特点。行业协会在行业管理方面的优势为协调方便、信息全面、诚信观念较强。目前，我国处于经济转型期，行业协会的主要特点为：对政府管理部门有比较强的依赖性、缺少独立性，行业协会伴随着行业的发展逐渐成熟，将会成为自治性的中间组织（贾俊丽[③]，2003）。

---

① 陈学会：《房地产业要素供给规制问题探析》，《经济问题》2004 年第 9 期，第 20—22 页。

② 孙逊：《房地产行业管理断想》，《中外房地产导报》1999 年第 3 期，第 13 页。

③ 黄燕、贾俊丽：《我国房地产行业协会的功能及房地产行业协会发展建议》，《中国住宅设施》2003 年第 6 期，第 5—6 页。

（3）行业协会的自律。住宅市场发展较成熟国家的行业协会分为公共行业、专业组织和行业协会、私人产业，分别对应政府对行业的宏观调控、协会自律的中观管理、企业微观管制三层面的管理。加强房地产行业协会自律对促进政府职能转变、兼顾住房市场的公平和效率，具有必要性（张冀、王学才[1]，2006）。

第三节　住宅市场的调控政策取向和协调性分析

一、住宅市场调控政策取向

很多研究人员在住房市场存在的问题及成因的研究基础上，对如何能使市场运行更加有效、政府调控达到目标的问题，他们从调控思路与政策措施方面提出了以下观点。

1. 信贷政策调控方向

信贷约束和利率优惠政策变化对房价波动有重要影响，并因此成为政府调控住房市场运行的重要政策工具。

Glaeser & ShaPiro（2002）的研究认为，抵押贷款利率补贴对住房市场影响有限，因为享受抵押贷款利率补贴优惠措施的主要是高收入群体，而较少有低收入群体。Collyns & Sonhadji[2]（2002）利用向量自回归的方法分析了东南亚金融危机受波及国家 1979 年至 2001 年间房地产实际价格与实际贷款、人均实际 GDP 之间的关系，发现实际信贷增加将使其后的 6 个季度内房地产价格持续快速上涨。

---

[1]　张冀、王学才：《加强房地产行业协会自律的思考》，《当代经济》2006 年第 7 期（下），第 22—23 页。

[2]　Collyns, C. & S. Abdelhak, "Lending Booms Real Estate Bubbles and the Asian Crisis", Washington D. C. 2002.

Hofmann[①] (2003)、Davis & Haibin Zhu[②] (2004)、Gerlach 和 Peng[③] (2005) 研究发现从长期数据观察分析，是房地产价格周期的变化导致了银行信贷周期的改变，而不是过多的银行信贷带来了房地产价格泡沫。Chambers 等学者 (2005) 对美国各种形式的抵押贷款合约对消费者购房行为的影响做了研究，结果发现银行抵押贷款政策与房价波动之间存在显著正相关的关系。

王广谦[④] (1999) 指出，中央银行可以通过选择性货币政策调节房地产融资，主要政策是规定贷款的限额、贷款的期限和首付比例下限等，目的在于限制房地产投机，抑制泡沫。刘斌[⑤] (2003) 指出，中央银行调控房地产金融应从供给和需求两个方面着手，此外，央行在调控中应综合使用多种货币政策工具，强化与各有关调控部门、地方政府的协调沟通，统一目标联手进行调控。武少俊[⑥] (2004) 认为当前国内房地产业隐含着巨大金融风险，房地产业自身也亟待规范，但在调控时要警惕房地产业"硬着陆"对整个宏观经济的不良影响。李宏瑾[⑦] (2005) 针对我国住房市场近年来价格攀升，但市场总需求不降反升、投资和投机需求旺盛，银行信贷资金迅速集中到房地产和相关产业，住房市场与经济发展的相互作用等情况，以全国和各省区市为面板数据进行实证分析并得到结论：银行对住房市场的开发贷款和个人住房贷款有力地支撑和推高了住房市场的供求，对信贷规模和方向的调控可以有效抑制住房市场的

---

① Hofmann，Boris，"Bank Lending and Property Prices：Some International Evidence"，*Hong Kong Institute for Monetary Research*，2003.

② Davis，Philip & Haibin Zhu，"Bank lending and commercial property cycles：some cross-country evidence"，*BIS Working Papers*，2004.

③ Gerlach，Stefan & Peng，W. S.，"Bank Lending and Property Prices in Hong Kong"，*Journal of Banking and Finance*，2005 (29).

④ 王广谦：《经济发展中金融的贡献与效率》，《中国人民大学学报》1999 年第 6 期。

⑤ 刘斌：《对房地产金融若干调控问题的思考》，《中国金融》2003 年第 7 期。

⑥ 武少俊：《房地产——一个亟待规范的产业》，《金融研究》2004 年第 3 期。

⑦ 李宏瑾：《房地产市场、银行信贷与经济增长》，《国际金融研究》2005 年第 7 期。

供求；住房市场的发展也拉动了国家的整体经济增长，但对其他产业的发展也有挤出效应。袁志刚[①]（2004）通过分析土地政策和金融环境指出，宽松的货币政策、优惠的土地和财政税收政策几个因素联合作用会刺激房地产泡沫的产生。银行信贷方面，对土地抵押贷款比例的限制，对地产开发商和购房者资质和信用的严格审核也是压缩泡沫、降低银行风险的重要手段，特别是在房地产业发展的升温阶段，信贷部门绝不能盲目追求高回报，对地产开发部门不加辨别地扩张信用。在我国目前银行系统高不良贷款率、资产质量差的情况下，更应当警惕房地产泡沫给银行部门带来的风险。

2. 财税政策调控方向

税收也是政府调控住房市场的重要政策。Meen（1998，2002）等学者研究了房地产税收政策对房价的影响，理论研究表明，不同类型的房地产税将引起房地产交易频率、交易量和交易价格的变化。以下学者从房地产转让的角度研究了交易环节税对住房消费选择及房价的影响，Kim（1990）研究了韩国住房市场中房地产转让税的课税效果，研究发现房地产转让税对需要经常更换住所的公民是一个较大的经济负担，税收改变了消费者的住宅置换愿望和行为。Benjamin[②]（1993）对美国费城房地产转让所得税对房价的影响研究表明，由于费城房地产市场中供给缺乏弹性，对房地产征收转让所得税将导致短期房价下降，税收负担由卖方承担。Lundborg & Skedinger[③]（1999）根据 Weaton（1990）的住房市场搜索模型针对房地产交易税对房价影响进行的研究发现房价是内生的，房地

---

①　袁志刚：《我国房地产泡沫的分析和控制》，《上海房协》2004 年第 11 期。

②　Benjamin, J. D., Coulson, N. E. & Yang, S. X., "Real Estate Transfer Taxes and Property Values: The Philadelphia Story", *The Journal of Real Estate Finance and Economies*, 1993, (7): 151—157.

③　Lundorg, P. & Skedinger, P., "Transactions Taxes in a Search Model of the Housing Market", *Journal of Urban Economics*, 1999, 45 (2): 385—399.

产交易税征收所形成的闭锁效应，导致短期内房地产价格下降。Wood[1]（2006）采用微观模拟模型研究了澳大利亚房地产税收政策对住宅需求选择的影响，研究发现房地产税影响租房与买房的相对价格、家庭财富，并最终影响房价。

国内学者苑新丽[2]（2004）研究了世界各国的税收制度后，提出房地产税制是国家调控住房市场经济活动的有力杠杆，认为我国应借鉴国际上丰富的经验，构建完善的地产税收体系。将房地产保有税（不动产税）作为房地产税制的基础，扩大征税范围，简化税种，以房地产的市场价值作为计税依据，合理设定税率，优化整体税制结构。向东[3]（2006）指出应发挥税收在收入分配方面的调节作用。使用税收手段调控住宅市场，目的在于提供一种高效的外部压力，从而促进市场竞争，规范市场运作机制。在从严执行现行的税收制度的基础上，加强检查、稽查，堵塞征管漏洞，并对现行税收政策进行针对性调整，对房地产的不同类别进行分类调节，以更好实现宏观调控目标。

3. 土地政策调控方向

国外学者主要从土地供应量、政府垄断型供地模式、地价三个方面与房价的关系进行了研究。

（1）土地供应量对房地产供求及房价的影响。Raymond Y. C.（1998）的研究发现房价不受土地供应量影响。Tse 认为政府出让土地的目的是收益最大化，研究发现土地供应量、开发商囤地量与市场利率变化方向相反。Eddie Chi-manHui（2004）通过统计分析认为用于住宅建设的土地供应与市场的住房供应关系是不显著相关

---

[1] Wood，G. & P. Flatau，"Microsimulation Modelling of Tenure Choice and Grants to Promote Homeownership"，*Australian Economic Review*，2004，39（1）：14—34.

[2] 苑新丽：《国外房地产税制的特点及启示》，《税务研究》2004 年第 7 期。

[3] 向东：《房地产价格调控之困——兼议税收对房地产的调控措施》，《税务研究》2006 年第 9 期。

的。Arthur. C. Nelson[1] 等（2002）总结了土地管制政策实施后对房价的影响效果，提出如果土地管制政策限制了土地供应量，那么就可能导致房价上涨，但如果在实施管制政策的同时有较为完善的配套政策为住房建设提供了方便，那么就会平稳房价。Paul Cheshire（2004）对英国住房市场的研究表明，推动英国房价上涨的主要因素是居民收入水平的提高和对土地供应实施管制。如果住宅建设的用地供应始终受到严格的限制，那么长期持续上涨的房价使住房成为投资者都渴望持有的金融资产之一。Chiu，Rebecca L. H.（2007）的研究发现中国香港的土地供应经常随着经济环境而变化，因此政府利用土地的所有权和开发权直接为低收入者提供住房是更为有效的方法。

（2）政府供地为垄断型模式与房价的关系。Phang&wong[2]（1997）对新加坡的政府政策和私人住房进行了研究，他们认为相对于利息率、收入增长等经济指标，政府的住房价格政策对市场更具有影响力，政府提供土地建造经济适用房、廉租房和公共住房的数量对私人住房价格产生了很大的影响。

（3）地价与房价的关系。从不同国家城市的数据分析，地价与房价的关系比较复杂，以至于不同研究者得出了不同的结论。James Meikle[3]（2001）进行了英国土地价格和建设成本变化趋势的比较分析，发现地价的增速高于房价增速，并且涨幅超过了建筑总成本。Andrew Beer，Bridget Kearins & Hans Pieters[4]（2007）对

① Arthur. C. Nelson，Virginia Tech. Comment on Anthony Down's "Have Housing Prices Risen Faster in Portland than Elsewhere?" *Housing policy Debate*，2002，13（1）：33—43.

② Phang，S. Y. & Wong，W. K.，"Government Policies and Private Housing Prices in Singapore"，*UrbanStudies*，1997，34（11）：1819—1830.

③ James Meikle，"A Review of Recent Trends in House Construction and Land Prices in Great Britain"，*Construction Management and Economies*，2001，（19）：259—265.

④ Andrew Beer，Bridget Kearins et al." Housing Afford ability and Planning in Australia：The Challenge of Policy Under Neo-liberalism"，*Housing studies*，2007，22（1）：11—24.

澳大利亚的土地规划和住房建设问题的研究，也得到了相似的结论，土地成本是住房成本的一个很重要的部分。

国内学者也进行了相关研究，康春[①]（2005）等指出了土地政策与宏观调控的关系以及土地政策的主要形式，明确了土地调控政策的主体、客体及影响对象；认为土地调控政策的难点和关键是如何建立"诊断问题—制定政策—执行政策—检验修正"的调控通道。柴强[②]（2005）在探讨房价与地价的关系时指出，在土地市场中土地供应者多元化的情况下，房价是主动的，地价是被动的，即房价水平决定地价水平。但我国目前土地市场的供应由地方政府独家垄断的情况下，土地一级市场上的地价水平与新建商品房的价格水平是强相关的，政府减少土地供应将造成地价上涨或者将其垄断的地价抬高，市场会以房价上涨来做出反应。

4. 政策工具对住宅建设的影响研究

B. G. Park[③]（1998）以韩国和新加坡为例，归纳了政府管理部门在较成熟住房市场中的作用和角色。查尔斯·H. 温茨巴奇等（2001）研究了美国住宅产业中政府的作用和角色，政府通过多种调控手段对住房市场产生影响，主要有内容有介入房地产市场的公共政策目标、政府干预的范围及职责，州府及联邦政府采取的规划、税收管制以及提供信息服务等。Gavin Adlington、Richard Grover、Mark Heywood（2000）等一些学者研究了中东欧一些转轨国家住房市场发展的情况，认为政府应在这样的市场中发挥有限的作用。James Berry[④]（2001）通过对爱尔兰政府对住房市场调控措

---

① 康春、周晓艳、田心尉：《对土地政策参与宏观调控的几点认识》，《土地使用制度改革》，2005 年第 9 期。

② 柴强：《影响房价的几个理论问题》，《城市开发》2005 年第 5 期。

③ Park，B. G，"Where do Tigers Sleep at Night：The State's Role in Housing Policy in South Korea and Singapore"，*Economic Geography*，1998.

④ James Berry，Mc Greal，Stanley Stevenson，Simon Young，"Government Intervention and Impact on the Housing Market in Greater Dublin"，*Housing Studies*，2001，16（6）：755—769，15.

施和效果的分析得出，在经济增长速度较快的环境、价格持续上涨以及高涨的住宅投资需求背景下，立法管制的影响时间较短，其效果能很快被市场消化。Mostafa Morsi EL Araby[①]（2003）调查了埃及部分州政府在城市居住区的土地供给中的作用，政府干预主要影响了土地供给量和价格。Vincent Gruis and Nico Nieboer[②]（2007）对澳大利亚和欧洲四国现行的社会住房资产管理、政府调控与市场作用问题进行了调查，大多数的业主更愿意接受市场化的资产管理体系。戈特弗里德·吕克林格（2010）在担任奥地利房地产和资产托管协会秘书长期间，认为维也纳市政府采取的干预政策对几十年来奥地利房地产价格的相对稳定和产业平稳的发展发挥了重要的作用，这些政策包括保障性住房建设，规定每人只能拥有 1 处自住住宅，制定严格的法律规定杜绝对房地产的炒作性投资，如自住性房在购买 3 年内转卖，买卖之间收入差的 50％须作为所得税上缴。

二、住宅市场调控政策协调性研究

由于国外住宅市场发展较为成熟，且对调控政策协调性研究不多，可借鉴性受限。我国目前调控效果不佳的主因是政策之间配合不紧密，因此下文将主要对国内关于协调性的研究进行综述。

目前对住宅建设政府调控的相关研究较多集中在对房地产供求及价格影响方面，采用的政策工具主要涉及土地利用管制、税收政策、信贷政策等。就政府对房地产业调控政策协调性的研究来说，从整体上看，目前还处于起步阶段。虽然决策层在不同的场合经常谈到政策协调的问题，但在操作中往往难以切实落实；在学界，因为这一问题相当复杂，涉及多个学术领域和具体行政实践方面的问题，因此也少有人进行专门系统的考察。通过广泛查阅该专题的文

---

① Mostafa Morsi EI Araby，"The role of the state in managing urban land supply and Prices in Egypt"，*Habit International*，2003，27（3）：58—429.

② Vincent Gruis，Nico Nieboer，"Housing management in the netherlands：convergence between social and commercial landlords?"，*Open House International*，2004，Vol. 29（No. 3）.

献，房地产业政策调控协调性的研究现状如下：宋春华[①]（2000）提出建立调控体系，提出了房地产调控四个方面的任务，即总量调控、优化结构、规范行为、调节收益。俞明轩[②]（2005）认为引起房价过快上涨的原因是多方面的，某个职能管理部门和单方面的政策文件都很难从根本上、全局上解决这一问题，调控房价过快上涨应该采取综合手段，运用城市规划、土地供应、财税、金融、企业监管和信息公开、舆论宣传等多种手段进行综合治理。刘斌（2005）认为房地产的调控政策应该注意四个方面：一是政策及时准确，二是实现政策目标的一致性，三是政策执行的灵活性，四是实现多个调控目标的统筹兼顾。在实证分析领域，张伟、李汉文[③]（2006）基于 Poterba 住房市场模型，以住房交易价格和存量的动态变化作为分析的工具，对 2003 年以来国家实施的或将要实施的调控住房市场措施的效果进行探索性研究分析。他们认为，提高购房税率、贷款利率和开发商自有资本比例等宏观调控政策措施的效应，无论是从价格的变化，还是交易量的变化以及影响的时间快慢上来说，都是不一样的。因此，在多种调控手段共同使用的过程中，要根据一个时期宏观调控的目标，考虑、分析各项调控措施之间的相互影响。余凯[④]（2007）认为我国住房市场是一个很特殊的市场，在住房市场垄断特征的背景以及现有的管理体制下，为了共同的利益，地方政府与开发企业、银行之间往往会结成利益联盟，共同推动房地产价格上升。刘秀光[⑤]（2007）认为房地产价格坚挺是房地产的两个内在矛盾与房地产商的两个手段（税负转嫁和垄断定价）相结合的结果。将宏观政策与微观政策（经济管制）相结合，是解

① 宋春华：《建立有效的房地产市场调控体系》，《城乡建设》2000 年第 3 期。
② 俞明轩：《成立应急委员会 综合调控住房价格》，《城市开发》2005 年第 5 期。
③ 张伟、李汉文：《住房市场动态变化分析——对 2003 年来实施的房地产业宏观调控措施的评价》，《财贸经济》2006 年第 5 期。
④ 余凯：《论我国房地产合谋下的价格形成机制》，《兰州商学院学报》2007 年第 4 期。
⑤ 刘秀光：《基于房地产价格坚挺和经济管制的分析》，《学术论坛》2007 年第 1 期。

决房地产价格快速上涨的一条途径。刘敬伟[①]（2007）认为住房市场是一个非均衡的市场，特殊的市场性质和独特的商品属性决定了房地产价格的变化既要受供求关系的影响，又不能单纯地依靠供求关系，还必须通过政府相关的政策加以引导，调控房地产的供应数量与供应结构，引导经济预期，房地产的价格也在市场机制和市场预期的共同作用下发展和变化。

第四节　房地产开发政府管理系统相关问题研究

对于房地产开发政府管理这样一个系统，有的研究人员从规范化角度对政府管理体系进行研究，还有的研究者对管理系统的重要干预方式——房地产宏观调控与微观管制进行了研究。

一、房地产政府规范体系及目标

在房地产发展过程中曾出现了大量的不规范问题，因此，有专业人士从规范化角度对房地产政府规范体系与目标进行了研究。主要观点是我国房地产政府规范体系从内容上应该包括：土地制度、开发建设制度、流通制度、产权管理制度、房屋修缮制度、税费制度等方面。在形式上应该包括法制性规范和政策性规范，我国的房地产市场当前主要依靠政策性规范来约束（张景伊，1994）。房地产开发和房地产市场规范化的总体目标应该是：以严密健全的房地产法规体系为规范依据，完备健康的市场体系为规范基础，合理有序的运作程序为规范路径，公平竞争和科学管理为规范手段，通过改革和创新不断提高规范化程度，弥补规范缺口，强化约束力度，

---

① 刘敬伟：《非均衡条件下房地产价格变化的主要因素及动力机制》，《经济研究导刊》2007 年第 6 期。

提高规范效果，以实现投资、开发理性化，交易、服务规范化，管理、调控法制化，市场运行有序化，最大限度地提高房地产开发和房地产市场的运作效率，同时降低交易成本，推动房地产业持续健康发展（丁健、印塑华，1998）。

二、房地产宏观调控的基本体系

房地产宏观调控作为房地产发展的一个必不可少的组成部分，许多学者对房地产宏观调控的概念、目标、原则、手段等内容进行了系统的分析研究，主要有以下观点：

（1）房地产开发市场调控是指国家有关部门代表中央政府，运用多种手段对房地产开发进行的调控，主要内容应包括投资规模、开发结构、开发布局、开发行为及投资品供应等几个方面（罗龙昌，1999；董藩、王庆春，2003）。

（2）房地产宏观调控的主要形式是总量调控与结构调控、需求调控与间接调控、宏观调控与微观调控、内向调控与外向调控相结合，调控手段与实施措施应采取经济调控手段、法律调控手段、行政调控手段以及启发引导手段（吴兆华，1995；梁运斌，1995）。房地产开发市场调控应遵循"统一领导、相互协调"，"多种调控手段相结合"，"管而不死、活而有序"以及"反周期"的原则。中国房地产开发市场调控要借助计划、经济、法制和行政等手段，不同手段各有其特点和适用范围。要搞好房地产开发的宏观调控，必须做好环境建设等基础性工作，这是宏观调控有效发挥作用的前提（孟晓苏，1996；董藩、王庆春，2003）。

（3）宏观调控目标是保持房地产业的可持续发展，即土地资源利用、人居生态环境、人类住区、房地产市场的可持续发展。房地产业发展预警是宏观调控的预防手段，宏观调控的法规手段是房地产法律规范，宏观调控的行政手段是房地产政策，主要包括土地利用政策与住房政策（曹振良等，2003）。

三、房地产开发政府规制研究

政府对房地产开发的干预不能简单依靠宏观调控，从微观层次进行规制也是政府管理房地产开发的重要手段。我国的住宅供应经历了由计划经济时期的政府直接供给到当前主要由市场供应的过程，是一个从政府严格管制到放松管制的过程。相对于房地产宏观调控问题的研究，我国对城市住宅开发的政府管制的研究相对较少。但面对市场经济条件下住宅开发出现的房价高、住房结构失衡、住宅质量差等一系列问题，人们对住宅业微观管制的研究逐渐增多，研究成果主要集中在住宅开发政府管制范围以及具体的土地利用管制、房屋质量管制、交易信息管制等方面。

关于政府微观管制，王洛林（1997）认为，它是政府站在完全中立的立场上依据法律法规对微观经济主体实施的一种外部管理（通常称之为管制）。或者，政府管制是政府行政机构依据法律授权，通过制定规章、设定许可、监督检查、行政处罚和行政裁决等行政处理行为对社会经济个体的行为实施的直接控制（余晖，2004）。

（1）城市住宅开发政府管制必要性与管制范围研究。况伟大（2003）以"垄断、竞争与管制"为主线，对北京市住宅业市场中开发商、消费者以及政府与市场之间的关系进行了考察，认为北京市住宅业市场结构是垄断性的，政府应进行管制，认为应限制住宅项目的规模、防止空间垄断对房价的助涨作用。方惜（2006）认为，住宅开发中的政府管制主要包括五个方面：土地利用的管制、质量管制、住宅开发企业的数量控制、住宅开发企业的利润率管制、经济适用房的开发管制。城市住宅开发需要政府进行微观管制，但是微观管制的方法与内容需要根据实际情况进行调整，可以放松管制的方面则应放松管制，不能放松管制的方面则应通过改进管制方法提高管制效率，唯有做到松紧结合，才能推动整个住宅产业健康快速发展。

（2）土地利用管制研究。将各种管制方式结合起来实施，土地用途管制效果将更为有效（黄贤金、王静等，2003）。王文革

（2005）论证了实行政府管制以弥补城市土地市场缺陷的必要性和可行性，并提出加强政府对城市土地市场法律管制的对策。郭洁（2005）从法律体系、调整范围、指导性土地价格和制裁机制等方面提出对土地价格法律管制的改革建议。方惜（2006）认为应该深化改革城市土地使用制度、优化土地价格管制手段、建立并完善土地总量管制制度、克服政府管制职能缺陷。

（3）住宅质量的政府管制研究。住宅质量的政府管制是政府社会性管制的重要内容，要保证工程质量必须依赖于人的素质提高，原料设备的质量保证和科技进步。完善住宅质量保证体系、改进住宅性能认定制度、推进住宅质量保证保险是提高住宅质量管制效率的途径（王洪泉，2003；冯建农，2004）。

（4）城市住宅开发有关的信息管制研究。楼红平、涂云海（2004）通过分析房地产交易中信息不对称问题，提出利用政府管制来弥补信息不对称的缺陷。苗天青（2004）根据信息不对称理论来解释我国房地产开发企业的虚假广告问题，认为我国房地产开发企业的虚假广告问题较为突出，其根本原因在于房地产产品的经验品和信任品性质所造成的信息不对称。在"重复"交易的激励与约束下，有资质的房地产开发企业，特别是有一定品牌美誉度的房地产开发企业，出于声誉的考虑，其广告一般能够反映产品的质量。但大多数房地产项目公司，由于它们缺乏"重复"交易的激励与约束，相对来说其广告问题较多，因此应是规制的重点对象。政府有必要对房地产开发企业的广告行为进行规制，如：加大对房地产开发企业虚假广告的处罚力度、建立房地产开发企业质量担保制度、建立房地产开发企业的强制性信息披露法律。

（5）住宅市场与住宅产业的管制研究。陈学会（2004）认为中国住宅产业的政府规制，应走松紧结合的道路，建立有松有紧的规制制度。一要促进竞争，逐步放松政府广泛的行政干预，让市场成为房地产业资源配置的基础性手段；二要建立起适应市场经济体制的规制政策与制度，并对现行规制中不完善的地方予以补充、改进；三要强化质量标准，并严格监督执行；四要推行信息公开披露制度，减少信息不对称；五要加大惩处力度，增强制度法规的保障力。要提高对住宅开发企业的进入管制效率，必须抬高开发企业的进入门槛，同时加强资质管理，不仅要对进入市场的经营主体开发资质进行控制，还要对具体的住宅开发项目进行市场准入管制（方惜，2006）。房地产市场必须实行政府规制与市场的结合，主要进行保有量规制、交易价格规制、税收规制、融资规制、政府自身行为规制。建立一套透明、规范、科学的行政程序，设立一个制度框架使政府的干预适度，减少政府腐败行为、使政府干预行为可预期，引导市场理性决策（苑韶峰，2007）。

四、房地产开发行业管理研究

房地产行业管理是政府有关主管部门为使整个房地产业健康发展，通过行政手段和一定的组织形式，对房地产业各种经济活动进行有效的政策领导和监督（汤树华，1992）。从广义角度看，政府对开发行业的管理也是微观规制的组成部分，主要是通过对企业进入市场进行管制。政府对房地产的行业管理对规范企业行为，保证开发的顺利进行有重要作用。我国对政府管理房地产开发相关行业的研究不多，主要集中在如何充分发挥行业协会的自律作用方面。

（1）政府与行业协会的关系。20世纪90年代末我国行业管理的主体由政府部门逐步转给行业协会。主管部门对行业的行政管理是由法律法规确定的，具有强制性；行业协会的管理是协会章程规定的，是参加协会的企业自我的管理与约束。所以，两者是相辅相成的关系，不是从属关系。在具体实施中，何者为主、何者为辅，应由市场经济的发展和行业经济的成熟程度来决定。在目前转轨阶段，行业管理也应表现为政府部门向行业协会的过渡。行业管理的操作上，行业行政管理和自律管理两者应各司其职，各得其所（孙逊，1999）。

（2）行业协会的特点。经济转型期行业协会的功能优势为协调成本低廉、信息比较充分、培育诚信观念的便利。我国转型期行业协会的基本特征为：对政府有比较强的依赖性、独立性比较差，行业协会的发展趋向为自治性的民间组织。对房地产行业来讲，房地产业协会大有可为，要尽快建立自主和自治性的房地产行业协会（黄燕、贾俊丽，2003）。

（3）行业协会的自律。从发达国家和地区的经验看，房地产业分为私人产业、专业组织和行业协会以及公共行业三个层面，分别对应企业微观管理、行业协会自律的中观管理以及政府对房地产行业的宏观管理三个层面的管理。从促进政府职能的转变、适应房地产市场变化的角度出发，加强房地产行业协会的自律具有必要性（张冀、王学才，2006）。

第五节　相关理论

城市住宅开发体现的是住宅市场的供给情况，住宅供求理论、价格限制理论及税负转嫁理论是城市住宅开发的政府管理的理论基础。

一、住宅供求理论

住宅供求理论是经济学市场供求理论的拓展应用，其内容反映了住宅市场供求与价格之间的关系，基本观点如下（邓伟、宋扬，2008）。对住宅供应来讲，在其他条件不变的情况下，住房价格与供应数量之间存在相关关系。价格的上升或降低会导致供应数量的增加或减少，供应曲线是一条由左向右倾斜的曲线。价格会随供应数量的减少而上升、随供应数量的增加而降低，见房地产供应曲线图 2-1。

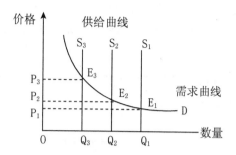

图 2-1 房地产供应曲线

另一方面，对住房市场供求关系来讲，假定价格和供求数量外的其他因素不发生变化，在不同时间周期内，短期与长期房地产供求关系具有不同特点。短期看，房地产短期供应缺乏弹性，房地产价格主要由需求情况决定；长期看，房地产供应具有弹性，价格由供求双方共同决定；当需求不变的情况下，其均衡点的产量随供应量而变化，如图 2-2 所示。

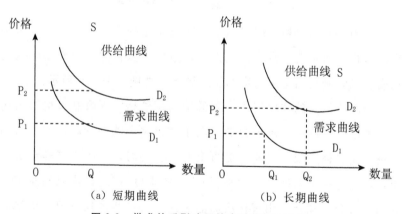

（a）短期曲线　　　　　　　（b）长期曲线

图 2-2 供求关系影响下的房地产供应曲线

二、价格限制理论

价格限制理论是经济学中的基本理论（曼昆，1999），应用到住宅房地产市场中，长短期不同的价格控制对住宅市场具有如下影响。

（1）价格上限对市场的影响。价格限制可以分为价格上限与价格下限，价格上限是指可以出售一种物品的法定最高价格，价格下限是指可以出售一种物品的法定最低价格（曼昆，1999）。土地供应的条件有限房价、限地价，就是限制房屋的最高销售价格、限制土地的最低出让价格。以住房价格限制为例，对住房市场的影响可以通过供求曲线来体现，如图 2-3 所示。

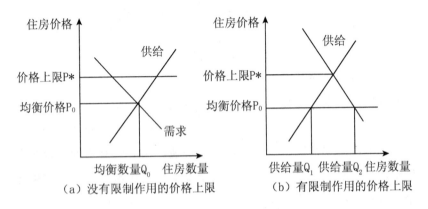

图 2-3　价格限制下的房地产供求曲线

当市场实行价格上限时，如果政府制定的住房价格高于供求平衡的价格，价格上限没有限制作用，市场力量自然而然地使经济向均衡变动，则价格上限对市场没有影响。如图 2-3（a）所示。

当政府制定的住房价格上限低于均衡价格，则限制价格对市场有一种限制性约束。供求力量趋向于使价格向均衡变动，但当市场价格达到价格上限时，就不能再上升了。这时，市场价格等于价格上限，在这种价格时，住房商品的需求量 Q_2 超过住房供给量 Q_1。如图 2-3（b）所示。出现住房商品短缺，有一些计划以现行价格购买住房商品的人买不到。当住房短缺形成时，配给住房的机制就会出现，如排队机制，那些愿意提前来到并排队等候的人得到了住房，而另一些不愿意等候的人得不到。另一种配给方法是，卖者根据自己的偏好配给住房，如某一类购房人、某一行业或权力部门，经济适用房经常出现的排队购买现象就是例证。设置价格上限的一般规律：当政府对竞争市场实行限制性价格上限时，易出现物品的短缺。这种配给价格上限情况下产生的配给机制如排队是无效率的，根据卖者偏好的歧视既无效率（没有把物品给予对它评价最高的买者），又可能是不公平的。

（2）短期与长期的价格控制产生的影响

短期与长期的价格控制产生的影响不同，住房价格控制的不利影响需要一定的时间才能呈现出来。如图 2-4 所示。

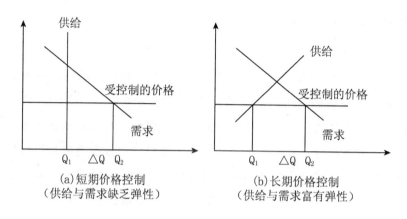

（a）短期价格控制
（供给与需求缺乏弹性）

（b）长期价格控制
（供给与需求富有弹性）

图 2-4　价格控制下的房地产供求曲线

房地产市场中短期住房的供给是无弹性的，不能随市场变化迅速调整数量。寻求住房的人对限价房有接受的过程，需求弹性变化不大。虽然价格上限引起短缺，但短缺并不会很大，其主要影响是价格的降低。但长期来看，随着时间的推移，住房的供应者与需求者对市场状况反应都较大。在供给方，开发企业的反应是减少供应限价住房或不供应限价住房。在需求方，低价格鼓励人们购买限价房或鼓励更多的人等待限价房。这说明长期来看，当价格低于均衡水平以下时，住房供应量减少、而住房需求量大幅度增加，造成此类住房大量短缺（曼昆，1999）。

三、税负转嫁理论

税负转嫁理论是经济学理论的一部分，税费的负担、税收的归宿及对价格的影响与税收的转嫁有关（祝学明，2006；吴宝，2005）。

（1）税负

根据经济学理论，当对企业与消费者之间的交易征税时，一般来讲，税费总会提高消费者支付的价格、降低企业得到的价格。税收的存在使供给和需求曲线发生移动，一般来说使需求曲线向右下方移、供给曲线向左上方移，从而使供给者得到的价格和需求者支付的价格之间产生一个差额，需求者支付的价格和供给者得到的价格两者之间的差额就是税费的数额（车江洪，1994）。

（2）税负转嫁

税负转嫁（Tax Burden Shifting）是指纳税人所承担的税负转由负税人承担的过程，就是纳税人通过购入或卖出产品价格的变动，将全部或部分税收转移给他人承担的过程。典型的税负转嫁或狭义的税负转嫁是指商品流通过程中，纳税人通过提高商品销售价格或压低商品购进价格的办法，将税负转移给商品的购买者或商品的供应者（祝学明，2006）。需要明确的是税收的转嫁取决于多种因素，影响税收转嫁的可能性及实现程度的因素包括税收的性质、市场结构、商品供求价格弹性等。

（3）影响税收转嫁的因素

影响税收转嫁的因素包括税收性质、市场结构、供求弹性等因素。

税收性质的影响。税收是直接税还是间接税，其税收性质影响了税收转嫁的可能性。税收转嫁在理论上的可能性和商品交易分不开，税负转嫁问题和商品价格直接联系。在商品交换的过程中，纳税人通过价格的途径，把税收负担转移给他人，税收进入商品价格，商品交换是税收转移的前提。因此，有些税收通过市场交易，如对商品的流转课税（包括营业税、增值税等），就比较容易转嫁；另一类税收，不通过市场交易，如对个人或企业的所得课税，对财产课税，转嫁的可能性就小。前一类税收为间接税、后一类税收为直接税。一般来说，税越直接，越难转嫁；反之，税越间接，转嫁的可能性越大。

市场结构、供求弹性对税费转嫁的实现及转嫁实现程度的影响。市场结构不同，税费转嫁情况也不同。对于住房市场，当市场为卖方市场，房地产供不应求时，买者之间存在激烈竞争，由卖方控制价格，税费就能相当容易地以较高价格转嫁给买者。从防止税费转嫁的角度来说，应加大住房供应量。税费转嫁的可能性并不一定等于税费转嫁的实现，由于税费转嫁是和商品交换中的价格升降发生直接关系，那么税费转嫁的实现及转嫁实现的程度，则必然要受商品价格变动可能性的约束，即受商品的供求价格弹性的制约。税费转嫁的程度取决于需求和供给双方的性质，那方的弹性小就由那方承担的多。需求弹性愈大税费转嫁的可能性就愈小，需求弹性愈小税费转嫁的可能性就愈大。需求完全无弹性则税费完全可以通过提价的形式转嫁给消费者。若需求弹性为无穷大，则税费完全不能转嫁。

四、政府管理相关理论

与政府管理相关的理论有政府干预理论、政府失灵理论以及政府治理理论。

1. 政府干预理论

与城市住宅开发政府管理相关的政府干预理论，主要包括了说明干预必要性的市场失灵理论以及政府的宏观调控与微观规制理论。

（1）市场失灵理论

市场失灵理论的主要观点是证明市场失败领域的存在、说明了政府干预的必要性。总的来说，市场失灵领域主要包括以下几个领域。

① 外部性领域。外部性的本质含义可以解释为：一个人或企业等经济主体的行为影响了其他个人或企业的福利，但是没有相应的激励机制或约束机制使产生影响者在决策时充分考虑这种对其他主体的影响（张帆，1998）。外部性的概念是剑桥学派两位奠基者亨利·西季威克和阿尔弗雷德·马歇尔率先提出的，经济学家庇古进一步研究和完善了外部性问题，最终形成了外部性理论。以科斯、

张五常等为代表的新制度经济学家从产权理论、合约理论的角度进一步完善了外部性理论。市场机制不能解决外部性带来的社会福利的损失，需要政府干预。

② 不完全信息领域。信息不完全会导致不规范行为，导致决策不科学、不理性。信息的不对称会造成逆向选择和道德风险，出现劣胜优汰的结果。会使信息少的一方受损失、会影响市场机制的运行、影响市场的均衡状态和经济效率。因此，在不完全信息领域有必要进行政府干预。"看不见的手"理论假设是买者卖者对其买卖的商品和服务都有充分的信息，企业假定了解其产业经营范围内各种因素发展的前景，消费者假定知道商品的质量和价格。但实际上信息通常是不完全的，往往表现为信息不充分和信息不对称。信息不充分，即经济主体不能全面了解所需的信息。信息不对称，即信息不能到达所有经济主体，经济主体之间对信息的掌握呈不对称性，包括交易双方之间和交易一方各个主体之间信息不对称（周振华、韩汉君，2004）。信息不对称也是一种内部性，即指由交易者所经受的没有在交易条款中说明的成本和效益（史普博，1999）。这里的成本即是指负内部性或内部不经济，而效益则是指正内部性或内部经济。因此，市场经济要求降低信息成本、促使信息的自由传播，需要进行政府干预。

③ 垄断即市场不完全竞争的领域。市场不完全竞争领域需要政府进行干预。完全竞争的市场是实现资源最优配置的必要条件，但这不是必然出现的或唯一的市场情况，市场中还存在垄断的市场结构。当企业获得垄断地位，它就摆脱了市场价格的支配，而对市场价格具有某种程度的控制。根据利益最大化的目标，企业就会把价格提高到最低平均成本以上，以高于边际成本的价格和低于竞争市场的产量进行生产，获得垄断利润。影响了资源配置效率，导致社会福利水平的下降。同时，长期垄断利润的存在，还造成收入分配不平等，这成为限制垄断的一个重要的社会原因（曼昆，1999；保罗·萨缪尔森、威廉·诺德豪斯，1999）。

④ 公共物品领域。公共物品领域需要政府干预。公共物品是指那种无论个人是否愿意购买，都能使整个社会每一成员获益的物品，公共物品的显著特征是具有消费上的非排他性。公共物品的生产者无法排斥那些不为此物品付费的个人的"搭便车行为"，或者排他的成本高到使排他成为不太可能的事，使市场不提供公共物品或者只提供极少量的公共物品。公共物品提供缺乏效率，而市场的运转又不能缺少公共物品，因此需要政府来提供足够数量的公共物品（曼昆，1999；保罗·萨缪尔森、威廉·诺德豪斯，1999）。

⑤ 社会分配领域。社会分配领域需要政府干预。社会的和谐发展需要公平，对经济社会的可持续发展而言，社会公平与经济效率同样重要，没有经济高效率的发展就不可能实现社会公平，反之没有社会公平、没有安定的社会环境，经济效率也不可能长期保持高效。从经济的角度看，社会的经济公平主要表现为收入分配的公平与必要的社会保障。但市场机制能够实现资源的最优配置，却不能解决社会目标问题、实现社会公平，竞争性的市场并不能保证消费一定由那些最需要或最应当得到的人享有。市场机制能够实现既定收入分配格局下的帕雷托最优，却不能改变原有的收入分配格局（曼昆，1999）。由于一系列因素影响，社会成员在进入市场时是不平等的，自由放任竞争可能会带来普遍的不平等，收入和财富的不平等会一代一代地延续下去，因而竞争市场可能带来很不公平的收入分配。因此，需要政府采取行动，使社会财富能够按照公平的原则分配和使用，建立健全必要的社会保障体系、排除社会及自然的偶然的因素对社会成员的不利影响，通过实施正确的税收政策和收入政策来维护分配的平等性，有利于社会整体效率的提高（曼昆，1999；保罗·萨缪尔森、威廉·诺德豪斯，1999）。

⑥ 经济的周期性波动。经济的周期性波动需要政府干预。世界各国的经济发展进程表明，在经济总量增长过程中，不同时段的增长速度或增长率总是有快有慢、高低有别，导致经济总量随时间出现波动现象。经济的周期性波动是经济运行和经济发展中的一个事

实，但大的周期性经济波动的结果不仅会造成资源的闲置和浪费，以及社会的痛苦和振荡，严重时还会破坏市场过程和丧失经济效率。自由的市场经济，始终孕育着经济活动急剧并大幅度变动的可能性，导致经济不稳定，不景气和通货膨胀。斯蒂格利茨认为，一个完全无政府状态的市场经济，虽然可以比较好地解决经济的微观效率问题，但很难从总体上提高国民经济运行的效率，对经济的长期持续增长也是无能为力的，因此需要政府干预（陈东琪，2000）。

⑦ 转型国家中市场机制不健全领域。从非市场经济向市场经济转变的国家，特别是原计划经济国家，面临着建立市场制度的任务。在转型国家里，建立市场制度难以通过市场自身进行，市场活动不会发生在"制度真空"中。像界定产权、制定和实施法律制度、确保合同的执行、维持竞争状态、保证生产要素的自由流动、降低交易成本、减少经济活动的不确定性、确保最低生活等最起码的制度环境，都不是市场过程中自发出现的，而是需要由政府提供的。作为一种制度，市场经济同时需要以相应的意识形态和道德为基础，这也是转型国家所不具备的。在社会经济向市场机制转变的同时，原有的非市场的伦理和意识形态正在失效，新的适应市场体制的规范尚未形成，社会的行为失范、道德真空难以避免，转轨还会造成收入和财富的不平等。

市场中存在的这些缺陷来自其本质，因而无法自我克服，必须借助外部力量。在市场之外，有能力克服市场缺陷的力量主要来自公共权威机构。作为主要的公共权威机构，政府介入经济成为合理的选择（杨龙、王骚，2004）。此外，体制转轨国家市场体系不完善，在新兴工业经济脆弱、经济实力不强的情况下，让市场自发演进，同市场经济发达国家竞争存在先天不足，势必支付更长的时间代价。在经济全球化的条件下，要面对国际市场的挑战，需要足够的经济实力。经济落后国家不能走市场自由放任的发展道路，要更多发挥政府的作用，需要政府的引导和干预（孙荣、许洁，2001）。我国正处于市场转轨时期，房地产市场规则没有完全建立，易受外界环境影响，需要政府进行干预。

（2）政府宏观调控与微观规制

市场失灵理论说明了政府干预的必要性，而宏观调控与微观规制（或称为管制）包含了政府干预可以采取的形式。

① 宏观调控。宏观经济调控就是在市场经济条件下政府按照经济运行的规律，运用一定的经济手段、法律手段和行政手段，对国民经济发展总量变化及其相应的比例关系进行的组织、协调和控制的过程（吴亚卓、吴英杰，2005）。宏观经济调控的手段主要有经济手段、计划手段、法律手段、行政手段和舆论手段。经济手段是指国家依据经济规律和物质利益原则，借助经济杠杆来调节经济运行，诱导微观经济行为，使之符合宏观目标的一种调控手段。经济手段包括财政政策、货币政策、产业政策、收入政策、国际收支政策等内容。计划手段是指通过中长期计划与指导性计划指导经济发展的手段。法律手段是指国家为了维护社会经济活动的秩序，通过制定一系列有关经济活动的法律、法令、条例、章程，对社会经济活动进行指导、控制、规范和监督的手段。行政手段主要是指依靠行政机构采用强制性的命令、指令，规定和下达带有指令性的任务或某些具体限制等行政方式调控经济的运行。舆论手段是指通过新闻、报纸、广播、电视及其他各种宣传工具传播国家政策、法令和社会意见、观点，宣传正确思想，贬斥社会时弊、引导人们的行为（吴亚卓、吴英杰，2005；王建敏等，2005）。

② 政府管制。作为一种政府干预方式，政府微观管制是政府站在完全中立的立场上依据法律法规对微观经济主体实施的一种外部管理（所以通常称之为管制）（王洛林，1997）。或者说，政府管制是政府行政机构依据法律授权，通过制定规章、设定许可、监督检查、行政处罚和行政裁决等行政处理行为对社会经济个体的行为实施的直接控制（余晖，2004）。这与政府宏观调控主要是干预经济总量以及结构不同，也与政府对国有资产的管理、部分社会公益事业和部分城市公用事业的投资和直接管理的微观管理活动不同。政

府管制具有以下特点。政府管制的主体是政府行政机关、政府管制的客体是各种经济主体（主要是企业），管制的主要依据和手段是各种规则（或制度），规则明确规定限制被管制者的决策内容、如何限制以及被管制者违反规则将受到的制裁。作为政府管制依据和手段的各项规则，可能是法律、也可能是法律效力较低的各项规定（王俊豪，2001）。

根据政府管制的特点，政府管制大致可划分为经济性管制与社会性管制两大类型（王俊豪，2001）。由于本书较少涉及自然垄断内容，因此，接下来主要按管制特点对经济性管制与社会性管制这两类作介绍。植草益（1992）认为，经济性管制是指在自然垄断和存在信息不对称的领域，主要为了防止发生资源配置低效率和确保利用者的公平利用，政府机关用法律权限，通过许可和认可等手段，对企业的进入和退出、价格、服务的数量和质量、投资、财务会计等有关行为加以管制。即经济性管制的领域主要包括自然垄断领域和存在信息不对称的领域。经济性管制的内容主要包括价格管制、进入和退出市场管制、投资管制、质量管制。植草益（1992）对社会性管制下的定义是：以保障劳动者和消费者的安全、健康、卫生、环境保护、防止灾害为目的，对产品和服务的质量和伴随着提供它们而产生的各种活动制定一定标准，并禁止、限制特定行为的管制。对于由环境污染、产品质量低而造成的社会问题，居民和消费者是最大的受害者，但由于他们不掌握足够的信息，或不能形成较大的社会力量去索要补偿损失，他们就难以得到经济补偿。这为政府实行社会性管制提供了理论依据。

总的来说，管制机构处理市场失灵问题经常采用的行政手段有以下几种：利润管制、价格管制、广告限制、配额和关税、特许和配给权、标准设立（管制机构为消费者制定许多判别产品质量的标准以及工作场地安全标准等）、信息公开（卖方有义务在一桩买卖终了前公布所售产品或服务的有关信息）、合同条款修订（管制机构可以对签约双方的能力加以照顾）、物料和生产过程的管制（管制机构还可以对生产某种商品所使用的物料和生产程序加以规定)、征税和补贴（王洛林主编、余晖著，1997）。政府管制与宏观调控是互补关系。微观规制为宏观调控奠定微观基础，宏观调控为微观规制创造良好的环境；宏观调控政策从宏观经济视角纠正市场宏观失灵、微观规制政策从微观视角纠正市场微观失灵，两者从不同的视角互补地纠正市场失灵，弥补了单一政策的不足和缺陷（王健，2002）。

2. 政府失灵理论

一般认为政府失灵概念是萨缪尔逊（P. Samuelson）提出的，近年来成为西方政治学和经济学研究的热点问题，政府失灵理论的主要研究成果是由公共选择和公共政策学者做出的（张建东、高建奕，2006）。公共选择理论由著名经济学家詹姆斯·布坎南（James McGill Buchanan Jr.）提出，在他获得 1986 年诺贝尔经济学奖后，公共选择理论逐渐得到了主流经济学的认可，成为西方经济理论的重要分支。与市场失灵研究相比，政府失败或非市场的研究尚不成熟，对政府失灵的表现、成因、机制及其与市场缺陷的联系中的许多问题尚未弄清楚，其理论的基本内容主要包括政府失败问题及政府失败现象的表现、类型与成因（孙荣、许洁，2001）。

(1) 公共选择理论的基本观点

公共选择理论的重点是关于政府及其成员的"经济人假设"以及政府失灵的根源的分析（骆诺，2007；杜晓，2003）。公共选择理论提出，政府及其成员符合"经济人假设"，即政府一经形成，其内部的官僚集团、政治家、政府官员这些公共政策的制定者们都在追求自己的利益最大化，这使政府背离其公共利益代理人的角色。关于公共选择理论对政府失灵原因的分析，公共选择理论认为政府失灵的根源可以归结于如下几个方面。第一，政府的内部性。即政府及其成员作为经济人所表现出来的谋取个人利益而非公共利益的倾向，使公共决策偏离应然的理想目标。第二，政府的垄断性。官僚机构垄断了公共物品的供给，其背后的推动力就是国家行政机关自身的经济动机。行政垄断容易导致政府部门的过分投资和效率低下。第三，政府的寻租活动。根据布坎南的定义，寻租是投票人，尤其是其中的利益集团，通过各种合法或非法的努力，如游说和行贿等，促使政府帮助自己建立垄断地位，以获取高额垄断利润，寻租行为具有非生产性特征。同时，寻租的前提是政府权力对市场交易活动的介入，政府权力的介入导致资源的无效配置和分配格局的扭曲，产生大量的社会成本，这些成本包括：寻租活动中浪费的资源，经济寻租引起政治寻租浪费的资源，寻租成功后损失的社会效率（［美］詹姆斯·布坎南，1988）。

（2）公共政策学的观点

除了从公共选择角度对政府失灵原因进行研究，公共政策学还从公共决策失效的角度对政府失灵原因进行了研究（文炳勋，2005）。政府对经济生活干预的基本手段是制定和实施公共政策，以政策、法规及行政手段来弥补市场的缺陷，纠正市场的失灵。由于公共决策的复杂性，使合理的政策制定与实施过程中存在着种种困难、障碍与制约因素，因而导致公共政策失效，这是政府失败的一个基本表现。按照公共选择和政策分析学者的看法，公共决策失误或政策失效的主要原因有如下形式：

① 现有的各种公共决策体制及方式（投票规则）的缺陷。以多数原则为基础的民主制是现代国家所采用的一种有用的决策体制，它较之于独裁制或专制体制，是一种巨大的进步和更合理的决策体制。但是，这种民主体制是很不完善的，甚至可以说是相当不民主的。无论是直接民主，还是间接（代议）民主制都有其内在缺陷：前一制度中，有的问题有周期循环、投票悖论、偏好显示是否真实等弊端；后一制度中，有利益的最大化，而不是选民或公共利益最大化的不足，而选民却难以对其实施有效的监督。现有的投票规则或表决方式（如一致通过、过半数、相当多数、绝对多数、三分之二多数）也远非完善。

② 决策信息的不完全、决策议程的偏差、投票人的"近视效应"、沉积成本及先例等对合理决策形成制约。公共政策的制订和执行过程是一个复杂的决策过程，许多的公共政策实际是在信息不完全的情况下做出的，这很容易导致政府决策的失误。

③ 政策执行的障碍。成功的政策执行依赖于理想化的政策、执行机构、目标团体、环境四个重大因素，这些因素中的任一方面或它们之间的配合出问题，都可能招致政策的失效。政府政策实施的组织体系是由政府众多机构或部门构成的，这些机构部门间的职权划分、协调配合、部门观点，都影响着政策效率。执行机构不健全，各部门不协调、合作，执行人员不力，也会引起政策失效。在政策执行过程中，由于中央与地方利益的差别，会导致中央与地方博弈，出现"上有政策、下有对策"现象，也会使政策的效力大打折扣，甚至完全无效。通过对政府失灵的表现、类型及其根源的分析，得出的基本结论是：市场的缺陷或市场失灵并不是把问题转交给政府去处理的充分条件，市场解决不好的问题，政府未必解决得好，甚至会把事情弄得更糟。因此，应摒弃政府不干预或干预乏力与政府过度干预。要处理好政府与市场间的关系，应该在保证市场对资源配置起基础性作用的前提下，以政府的干预之长弥补市场调节之短，规范政府干预职能及行为，加强对政府调控行为的监督，提高政府决策的科学化程度，把竞争机制引入政府调控的某些领域，实现市场调节和政府干预的最佳结合（金太军，2000）。

市场失灵理论论证了政府干预的必要性、干预的方式，政府失灵理论阐述了政府失灵的原因，下面介绍的政府治理理论则论证了政府共同治理的理念。

3. 政府治理理论

随着社会的发展，政府经历了由较少介入社会经济活动到大量介入国家和社会事务，再到政府职能的重新调整这一过程。西方学者在长期的社会发展中，在社会资源配置问题上，既看到了市场的失效，又看到了国家的失效。而治理正好可以弥补国家和市场在调控和协调过程中的某些不足，政府治理理论由此得到发展。当今政府治理主要是受治理理论、公共选择理论和新公共管理理论的影响形成的。

治理理论是由 1989 年世界银行在其报告《撒哈拉以南的非洲：从危机到可持续增长》中概括当时非洲的情况时，第一次使用的"治理危机"这一概念发展起来的（P. L. WorldBank，1992），此后"治理"便广泛地用于政治发展的研究中。全球治理协会报告提供的"治理"的定义为：治理是个人与机构、公家与私人治理其共同事务的诸多方式的总和，它是个持续不断的过程。在这个过程中，可以使对立的或各异的利益彼此适应，可以采取合作的行动。它既包括为保证人们服从的正式制度和体制，也包括人们同意或以为符合其利益的非正式的安排（俞可平，2000）。简单理解，治理是各种公共的或私人的组织（正式的和非正式的）管理其共同事务的机制的总和，是对相互冲突的或不同的利益进行调和并且采取联合行动的持续的过程（余晖，2004）。

新公共管理理论是以经济学为基础，以政府市场的协调为核心的公共管理理论。它自 20 世纪 80 年代在英、美两国应运而生后迅速扩展到西方各国，成为近年来西方公共行政理论中一个有巨大影响的流派（华震宇，2007）。新公共管理理论观点如下：

（1）公共机制与市场机制有机融合。在政府与市场的关系上，新公共管理提倡在合理划分政府与市场各自职能的同时，把公共机制与市场机制有机融合。政府的作用是提供核心公共物品，而市场的作用在于参与提供混合公共物品，从而实现政府与市场的相互渗透与相互补充。

（2）行政组织体制创新。新公共管理主要是通过合理界定政府职能，采用决策与执行分开和利用现代信息技术对组织结构进行再造，从而达到政府职能卸载和合理设置机构的目的。

政府治理理论的核心观点认为，国家的管理既不能私有，又不能放任；既不能官僚机构一言堂，又不能让大的利益集团操纵。政府要放权于民，寻求第三部门的参与，通过私营部门、第三部门和政府部门协作努力，对公共实务进行共同治理（蓝志勇、陈国权，2007）。

五、其他相关理论

本书展开研究的理论基础除了上述城市住宅开发相关经济理论和政府管理相关理论外，还使用了系统论、中间性组织理论和集成管理理论。

1. 系统论与系统分析方法

（1）系统论的基本观点

系统论是研究系统一般模式、结构和规律的科学。系统论作为一门科学，人们公认是由加籍奥地利人、理论生物学家 L. V. 贝塔朗菲（L. Von. Bertalanffy）创立的（王连成，2002；P. 切克兰德，1990）。系统论认为，系统是由若干要素以一定结构形式联结构成的、具有某种功能的有机整体，整体性、相关性、结构性、层次性、有序性等是所有系统的共同的基本特征，系统论的基本原则主要是整体性原则、结构功能原则、相互联系原则、有序性原则、目的性原则与动态性原则，其核心思想是系统的整体观念。系统论的基本思想方法，就是把所研究和处理的对象，当作一个系统，分析系统的结构和功能，研究系统、要素、环境三者的相互关系和变动的规律性，并优化系统的观点看问题。系统论的基本原则具体含义如下。

① 整体性原则。即系统、要素和环境之间的辩证统一。首先，系统与要素、要素与要素、系统与环境之间存在着有机的联系，它们相互作用、相互影响，构成一个整体。其次，系统的性质和规律，只有从整体上才能显示出来，整体功能不是各部分功能的简单相加。再次，系统内部各要素或部分的性质和行为，对其他要素或部分的性质和行为有依赖性，并对整体的性质和行为有影响。

② 结构功能的原则。即系统的结构与功能的辩证统一。首先，

结构是功能的基础，功能是结构的属性；结构不同，一般说功能也不同，结构决定功能。其次，同一结构可能有多种功能；结构不同，也可获得异构同功。

③ 相互联系的原则。即系统的整体性是通过各要素间的物质和能量的相互交换、转换及守恒的规律，还有信息的传递、交流等多种形式加以实现的。

④ 有序性原则。即系统都是有序的、分层次的和开放的。

⑤ 目的性原则。指确定或把握系统目标并采取相应的手段去实现。

⑥ 动态性原则。即现实系统都是变化、发展的，应当在动态中协调系统各方面的关系，使系统达到最优化。系统论的基本原则要求人们在认识和处理系统对象时，把握系统目标，根据形势、在动态中协调系统各方面的关系，把握好系统结构和功能的辩证发展规律，搞清系统内外部物质、能量、信息的流动状态，从整体着手进行综合考察、以达到最佳效果。

（2）系统分析方法

系统方法或者说系统分析最早是由美国兰德公司在二战结束前后提出并加以使用的，它是建立在系统科学基础之上的一种决策分析方法。早在第二次世界大战期间，美国人在研究武器系统时使用的定量分析和定性分析相结合的方法就是系统分析方法的雏形。20世纪60年代，美国政府将系统分析运用于国防工作。此后，该方法就广泛地应用于各类组织的决策之中（陶承德，1987）。系统分析的概念至今还没有一个比较完整和严密的科学定义。一般认为，系统分析就是对一个系统内的基本问题，用系统观点（进行）思维推理，在确定和不确定的条件下，探索可能采取的方案，通过分析对比，为达到预期目标选出最优方案的一种决策方法。系统分析方法一般可采取以下几个步骤：①提出问题，或者说界定问题；②确定系统目的；③收集资料；④建立模型；⑤设计方案；⑥试验（李国纲，1993）。根据系统的本质及其基本特征，可以将系统分析的内容相对地划分为系统的整体分析、结构分析、层次分析、相关分析和环境分析等几个方面。其中，整体分析就是从全局出发，从系统、子系统、单元、元素之间以及它们与周围环境之间的相互关系和相互作用中，探求系统整体的本质和规律，提高整体效应，追求整体目标的优化。结构分析是对系统内部诸要素的排列组合方式进行的分析，其目的是找出系统构成上的整体性、环境适应性、相关性和层次性等特征，使系统的组成因素及其相互关联在分布上达到最优结合和最优输出。环境分析主要是确定环境因素影响范围以确定系统边界。相关分析是用以分析构成系统的各个子系统、单元和要素之间以及它们与环境之间是相互联系和相互作用关系的。在政策研究的过程中，帮助理清各种因素对政策执行效果可能产生的影响，从而设计出理想的或较优的政策方案。

2. 中间性组织理论

现代经济理论认为（Oliver. E. Williamson，1991），纯科层组织和纯市场组织是两种最基本的协调交易的形式，在这两极之间还存在着一种既具有科层组织某些特征又具有市场组织的某些特征的制度形式——中间性组织：即在纯粹的层级组织与纯粹的市场组织之间，存在一个宽广的中间地带，这个地带上有着多种类型的组织，新制度经济学理论把它们称之为"中间性体制组织"。中间组织亦称非政府、非市场或非微观主体，其在社会生活中广泛存在，它为政府、民众和市场提供了一个交流和合作的平台。Michael Dietrich（1999）在《交易成本经济学——关于公司的新的经济意义》中就指出传统的对市场与公司的二分法过于简单和不现实，没有考虑涉及个别单位之间短期或者长期合作的关系。而理性的分法应该加入起沟通、合作作用的中间组织。20 世纪 80 年代对经合组织国家的分析研究表明，这些国家大都普遍建立并充分利用了介乎国家与市场之间的社会中介调节机制。Salamon. L. M（1994）使用"三元模式"来描述当代西方社会的基本结构，即"政府部门—营利部门—非营利部门"（如图 2-5 所示）。有学者更将行业协会形象地比喻成引导社会经济发展的"第三只手",即"第三域"组织。行业协会之所以在经济管理中发挥重要作用,源于其经济制度背后的合理性和社会需求。

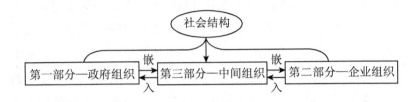

图 2-5　社会三元结构的发展趋势

威廉姆森(Oliver. E. Williamson,1991)在《经济组织比较:两种可替代的独立结构分析》一文中指出,在纯市场与纯科层两极之间存在着一种 Hybrid 的制度形式,即交易的治理结构(Governance Structure),他认为纯市场的权威控制程度很弱,合作适应性也很弱,而资助适应性和激励性较强;纯科层组织则正好相反,其权威控制程度和合作适应性较强,而自主适应性和激励性较弱。杂交(Hybrid)的治理结构各项指标均处于中间状态(Semi-strong)。兰逊(Larsson,1993)继承了威廉姆森的分析框架,对中间性组织进行研究所得到的结论为:①当内部化成本较低,行为者之间缺乏信任时,不确定性、交易频率和特定资源依赖程度较高时,协调越可能由纯科层这只"看得见的手"来完成。②当外部化成本较低、不确定性、交易频率和特定资源依赖程度较低时,协调将由市场这只"看不见的手"来完成。③在较低的召集成本,较高的内在化成本或者行为者之间信任程度较高时,不确定性、交易频率和特定资源依赖程度较高时,协调可以通过企业间契约的网络(中间性组织)来完成。Candace Jones(1997)则结合社会学理论从嵌入性视角对中间性组织进行重新认识,他超越了威廉姆森和兰逊单纯从交易类型的视角研究协调的制度形式框架,探讨了"结构性嵌入"视角下的中间性组织(行业协会)如何通过进入限制、集体惩罚、信誉、宏观文化、行业规制等手段进行交易协调。杨祖功、田春生、莫伟（1999）提出一种新的调节方式：社会中介组织。市场调节社会关系需要有良好的政治体制。没有国家或者社会集体的干预，市场经济无法运行，但国家调节只能通过法律、规章制度和等级制来约束和限制，加之官僚主义和寻租的弊端，进一步恶化了市场经济，反过来又依靠市场经济，形成一种恶性循环，种种因素促使人们寻求一种新的调节方式。中介组织的调节机制起了政府和市场不能起的作用，在一定程度上弥补了国家和市场两个方面的缺陷和不足。多纳和斯内德瑞（Doner & Sehneidery，2000）将中间性组织（行业协会）弥补政府失灵的职能称为市场支持性活动，将行业协会弥补市场失灵的职能称为市场补充性活动。

概括而言，中间性组织在政府和企业之间，具有承担协调沟通的角色，其活动具有市场支持性和市场补充性，能提高公共部门的工作绩效、为资源配置的主导力量，是减少交易费用的关键环节。

3. 集成理论

集成作为一种现象或事物广泛存在于现代社会之中，它是构建系统的一种方法。集成理论是系统论的一个分支，是系统论在 20 世纪末期经济、科技、社会环境条件下的新发展（李必强，2003）。集成是将两个或两个以上的集成单元集合成一个有机整体的过程或行为结果。集成理论的基本原理除了包括系统论的整体性、有序性、相互作用、功能结构、开放系统、同型性等原理外，还有其特殊的原理，即相容性原理、互补性原理、界面选择原理、功能倍增原理等（海峰，2003）。相容性原理是指集成单元能否相容和相关联、集成体能否形成的原理，揭示了集成单元形成集成体的必要条件，反映了集成单元间内在联系的基本规律。互补性原理强调的是从系统整体性出发，将系统各要素的属性有机组合起来，互补形成完整的系统属性。反映的是各集成单元在功能、优势相互补充的条件下，实现集成体（系统）整体功能的基本规律。集成界面作为集成单元相互作用的媒介，具有信息传输、物质交流、能量传导、集成有序性形成等功能，界面选择原理是反映集成单元在形成集成体过程中，集成单元间物质、信息和能量交换、接触方式及形成机制的基本规律。功能倍增原理反映的是集成单元在形成集成体（系统）过程中相互作用、聚合重组致使集成体整体功能倍增或涌现的基本规律。产生集成整体功能倍增的方式主要有功能重组、结构重组、过程重组、协同重组四种方式。

第三章　国内外住宅建设调控政策研究

　　研究国外为解决住房问题所实施的住宅产业政策中的经验和教训，对进一步完善和健全我国城镇住宅建设调控政策体系，解决居民的住房问题有重要的参考价值。

第一节　部分国家和地区的住房制度

一、美国

　　美国是国际上较早解决居民住房问题的国家之一，其房产财富已经超过 15 万亿美元，约占全部非金融有形资产的 36%，目前美国绝大部分居民的自有住房都是 2~3 层的别墅或单套面积达 200 平方米以上，这些成就主要归功于美国不断完善的住房制度。美国从20 世纪 30 年代开始实行住房分类供应制度，即分别针对高收入、中等收入与低收入人群提供不同级别的住房。政府提供商品房给占住户总数 20% 的高收入者；提供具有一定社会保障效应的"社会住宅"给占住户总数 62% 的中等收入者，并且对"社会住宅"的价格和户型进行控制；提供廉租屋给占住户总数 18% 的低收入者；此外，对房租标准线以下的住宅规定，房租超过家庭收入 25% 的部分则由政府进行补贴。美国的住房制度主要有以下几个方面的内容：

1. 法律法规健全完善

美国的公共住房政策一直具有配套并且完善的法律。不同时期都有相应的法律、法规。如 20 世纪 50 年代的城市再开发计划、为退伍军人住房抵押贷款提供担保的计划和《住房法》；60 年代的《住房法》和《城市发展法》中制定了补贴住房建设计划；70 年代后期，又制定了住房援助（补贴）计划，使住房补贴的效果得到最大限度的发挥。美国的这些政策、法规在相应的历史阶段都发挥了积极的作用。

2. 公共住房由政府投资兴建

美国解决公共住房问题的基本思路是，先由财政投资建造公共住房，解决中低收入者的住房问题，再转向提高住宅水平。联邦政府根据中低收入者占居民总数的比重，每年建设一定比例的公共住房，通过不断地积累解决了数量问题。

3. 鼓励中低收入家庭购房

联邦政府提供了以下两种优惠政策，以鼓励中低收入家庭拥有自己的住房：一是税收优惠，即联邦政府对第一次购房者实行个人所得税减免。二是抵押贷款优惠，即金融机构对第一次购房者提供低息贷款或抵押贷款担保。受益于此，购房者首付仅需房款总额的 5%，贷款额可达房款总额的 80%～96%，还款期为 20～30 年，利率一般为 6%～8%，低于其他长期贷款利率。

4. 对特定人群提供特殊优惠

联邦政府还出台了一系列针对特定人群购房的规定，范围是社区服务人员、公务员及警察。公务员信贷联盟则为政府公务员提供房屋优惠贷款。公务员信贷联盟的资金来源主要是公务员的自愿储蓄（入会的最低储蓄额要求是 25 美元）和政府特别项目的资金，享受税收豁免。所有入会的政府公务员购买房屋时，均可向公务员信贷联盟申请最长为 15 年、最大额度为 12 万美元的低息贷款。此外，针对警察也有购房优惠项目，旨在鼓励警员到低收入家庭住房社区内购房，帮助警察实现了自身的居者有其屋计划，实现社区内的多元化氛围。同时利用警察自身对犯罪分子的威慑力，达到降低社区犯罪率的目的。此项目可使警察获得一定额度的可核销的延期贷款，申请警察在该区的住房居住满 5 年后，此笔贷款将予以核销。

5. 分类限制住房投资行为

联邦政府规定，个人购房时必须说明房屋用途。不同购买用途的贷款利率不同，购买出租房屋所执行的贷款利率要高于用于购买自住房屋的标准贷款利率。此外，房主出租房屋所得收入必须按国家规定缴税。房屋价格上涨后，针对业主出售所得的增值部分，各州政府征收财产所得税。为方便住户改善居住条件，规定住满两年的自住房再出售时可享受减免增值税的优惠。此外，还有一些规定通过限制家庭购买投资性房屋的数量、总价、贷款利率等方式，旨在控制对住宅的投资需求。比如，一个住宅开发项目中，限制只有一定比例数量的房屋可以出售给作为投资购买的客户，这个比例通常限定为 5%～7%，最大不超过住房总数量的 10%；并规定，一个家庭在一个社区里只能购买一套住宅。美国的税收优惠政策主要是面向中等收入和低收入阶层。

6. 租金补贴政策

为提高中低收入家庭的买房能力，联邦政府规定，家庭收入为所在地区中等年收入 80% 以下者，都可以申请两种住房补助之一：一是直接提供给低收入家庭的廉租房，其租金一般为市场价的50%～80%，这种补贴方式主要面向最低收入家庭群，其家庭收入约占美国家庭平均收入的 37%；二是发放住房代金券，获得住房代金券的家庭必须拿出其总收入的 25% 支付房租，租金超过总收入25% 的部分可以由住房代金券来弥补，接受补贴的租户每 5 年必须重新接受审查，补贴期最长不超过 20 年。

二、法国

1. 福利政策鼓励租房

法国政府通过各种福利政策鼓励租房，房屋租赁市场十分完善。政府为此兴建了大量的廉租房。中央政府和地方各级政府的财政收入是廉租房的建设资金主要来源，房屋建成后交由地方指定的部门进行管理。廉租房的基准房租比相同档次的普通私人住房房租低一半左右。为了使廉租房在数量上达到一定规模，规定人口超过5万的城镇，廉租房数量占全部住房套数不低于20%。廉租房制度的实行影响了居民对居住问题的思维方式，使得低收入居民在考虑解决居住问题时首先考虑的是租住，从而降低了市场上对住房总量的需求，成功的遏制了需求量的迅速膨胀。在这样的社会环境影响下，相对于买房使自身背上沉重的经济负担，大部分法国人更愿意通过租房简单方便地生活。租房还可以保证资金的流动性，将收入用于教育、旅游、消费等其他领域以提高生活质量。因此，许多法国人选择租房居住。

2. 课以重税以控制房产投机

法国是世界上税制最复杂，税种最多的国家之一。高额的税负有效地减弱了房地产投资行为对房价的推动作用。对房产所有者课以重税，采取高额的房地产交易税，避免投机者扰乱房地产市场正常的交易秩序。购房者要缴纳的地皮税、住房税和空房税等名目繁多的税费，使保有住房的成本大大提高。另外，政府还征收很高比例的遗产税，这使得房地产作为遗产的价值大大缩水。高税收不仅提了购房者在购买和使用过程中的成本，更增加了那些想通过"倒房"赚差价的人的交易成本，从遏制投资需求的角度看，减少了市场上的住房购买需求。受此影响，法国人很少通过房地产市场进行投资或财产保值增值。

三、韩国

1. 法律法规健全提供保障

韩国政府自 20 世纪 60 年代起出台了一系列以《住房建设促进法》为核心的法律法规，包括《建设法》《城市规划法》《大韩住宅公社法》《公共住房法》和《大韩住房银行法》等，初步形成了韩国住房的法律、制度框架。明确了建设部作为住房建设和住房政策的主管机关，并组建了大韩住宅公社、大韩住房银行等参与住房建设和住房金融服务的相关国营机构。

2. 政府按一定比例出资或资助建出租房

韩国政府对具有一定条件的企业或社会组织实施税收减免政策，鼓励其利用自有房屋按规定向中低收入家庭出租。此外，还通过财政拨款建有多种形式的出租房供居民租用：其中之一是永久性公租房，政府投资占房屋建筑成本的 85％；还有可出售的公租房，由国营的韩国政府公社开发建设，韩国住房基金提供占总建筑成本 40％～50％的低息贷款。同时，制定金融优惠政策加大对从事租赁业务房地产企业的支持力度，对房地产商自建或购买商品住房用于出租的商业行为，其建设期间用于出租房部分的贷款可转为流动资金贷款，适当延长贷款年限。

3. 低收入家庭享有优惠

韩国政府规定，永久性出租房屋只给最低收入家庭租用，这部分家庭约占全国人口的 10％。租用可出售公租房的低收入家庭可以在租期内进行住房储蓄，在租期结束时依靠住房储蓄和其他政府提供的金融支持购买公租房的产权。

4. 遏制投机行为

韩国政府针对房地产投机制定了遏制政策，使得炒房成本在韩国十分巨大。遏制政策主要有以下几点：提高房地产转让税率，对拥有 3 套以上住宅的居民户转让房地产课以高达 60％的转让税；在住宅价格增长过快的地区，禁止住宅预售权转让；逐步建立住宅实际交易价格申报制度，根据住宅实际成交价格征收房地产登记税；政府不断改善房地产税制，征收房地产保有税，新设住宅税列入保有税税种，逐步建立有效调控住宅实际需求的税收机制。

四、英国

英国的公共住房政策起源甚早，1919 年制定的住房法（Housing Act）中就已确定。其后，经历了八次修订和调整，逐步形成了现行的公共住房政策体系。在英国，无论是保守党执政，还是劳工党执政，其公共住房政策目标基本一致。

1. 公共住房政策的演变

1919 年出台的《住房法》，确定了以公营住房为核心的住房政策，国家干预住房市场，即由政府投资建造公房，然后低租金租给居民居住。至 1939 年，地方政府建造了 100 万套出租住房，约占住房存量的 10%。二战后，英国出现了严重的住房短缺，住房问题成为英国保守党、工党争论的政策焦点。20 世纪 40 年代至 50 年代，工党执政时，把住房建造的数量以及公房出租作为主要的政策目标，这一时期，地方政府投资兴建的住房占新增住房总量的 80%。50 年代至 60 年代，保守党执政时期，政府投资兴建公共住房每年达 30 万套，并鼓励个人买房建房，地方政府主要解决贫民窟问题。70 年代，劳工党执政时，住房法中赋予了住房协会（Housing Association）在公共住房中的地位，由住房公司给予 HA 补助以兴建出租或出售住房。这一时期，英国的公营住房占全部住房的 30%。由于英国直接兴建大量住房，实行低租金的住房体制，其弊端和缺点日益显露，公共支出的大幅上升，加重了国家和地方财政负担；忽视市场机制在住房中的作用，降低了住房市场运作的效率；公共住房中贫民大量集中，造成住房品质及社区质量低劣化的趋势等。1979 年保守党重新执政后，对公共住房政策进行了一些改革，重视市场机制在住房中的基础性作用，开始推行出售公营住房，鼓励私人投资建设住房，实行私有化的住房政策，同时提高公共出租住房的租金标准。1979 年至 1997 年，保守党在执政期间，曾于 1980年、1996 年两次对住房法进行了修订。1980 年住房法中引入购买权（Right to Buy）推动将公共出租住房出售给原住户。1988 年推行将剩余的公共出租住房转移给其他机构，如住房协会、私人房东，改变补助办法等政策。这些政策使住房自有化率大大提高。截止 1992 年年底，英格兰的住房自有率从 1979 年的 55.3% 提高到64%，公共出租住房从 33% 下降到 19%；苏格兰的住房自有率从1982 年的 38% 提高到 54%，公共出租住房由 51% 下降到 37%a。1996 年进一步解除对私人出租房的管制，赋予地方政府更多的权力，为居民提供合理价位的住房，增强住房供给渠道多样化。

1997 年，工党执政后，对保守党的公共住房政策又进行了调整。主要包括：增加对社会出租住房的投资，并用出售公共住房的收入来修缮或兴建公共出租住房；强化政府解决无家可归者住房问题的主导作用，优先为他们提供住房；规范房屋交易制度，以保障住房私有产权的权益；将公共出租住房的经营逐步推向市场等。

2. 公共住房政策改革要点

一是对公共出租住房按住户的承受力，采取不同的价格政策出售给原承租户，提高住房自有化率。1979 年保守党上台执政，充分重视市场机制配置资源的主导性作用，把提高住房自有化率作为主要的住房政策目标。其使用的主要政策工具有：（1）购买权（Right to Buy）。1980 年英国住房法中明确规定了"购买权"，目的在于降低公共出租住房的比重，推动住房自有化，增加个人选择住房的机会。购买权就是公共部门将出租的公共住房以较低的折扣价格出售给原承租户。（2）租金转换为抵押贷款购房（Rent to Mortgage）。即原承租户以月租金作为无息抵押贷款的月偿还额来购买承租的住房局的公共住房。这种方式先对公共出租住房进行价格评估，然后根据评估价格来确定应交纳的月租金。实质上，它是假定在某一时日将房屋出售给住户，把它转换成住房抵押贷款。然后住户以交纳的月租金来分期偿还，以获得住房所有权。这种方式是专门为无力通过"Right to Buy"方式获得住房所有权的承租户而推出的一项政策。(3) 折扣优惠可携带政策 (Portable Discount Schemes)。即住户重新购买房屋时，原购房所享有的折扣优惠仍然有效。比如某人将原有承租的公共住房通过"Right to Buy"方式购买，其价格为10万英镑，享有2万英镑的折扣，若他将该房再转让，重新购买了评估价值为14万英镑的住房，但他实际只需支付12万英镑，原先享受的折扣继续有效。

二是对购买社会住房的低收入者或首次购房者，提供合理价位的住房，实行廉价自有住房政策。虽然英国的房价与收入比较低，大约在1：2.93～1：3.16左右，但英国政府仍然把合理价位住房作为主要的政策目标。其主要政策有：制定合理价位的住房用地规划。1996年英国颁布了《规划与合宜价位住房规划》(Planning and Affordable Housing)，政府提供低地价土地、转用或使土地得到充分利用等措施，以保证住房低成本的开发建设。实施持分所有权政策 (Shared Ownership)。英国1982年开始推行这种合理价位住房办法，即根据购房者或承租户的收入水平及购买能力来决定其购买的产权份额，可购买25%、50%、75%的产权，余下部分则继续向住房协会承租。

三是提供住房补助，实行人人享有适当住房的政策。英国的住房补助既有国家财政补贴，也有地方财政补贴。比如，1997年英格兰的公共住房支出达64.53亿英镑，1998年为57.37亿英镑。从实现手段来看，又可分为直接补助和间接补助。直接补助是政府将补助提供给住房消费者，即通过财政拨款、税收减免等方式对居民买房、建房、租房给予资助。主要分为两种：(1) 自有住房补助 (Grants for Owner Occupation)。这种方式旨在通过财政补助帮助居民获得自有住房，比如实行承租户优惠办法，即政府以现金补助方式鼓励承租户退租到市场去购买住房。英格兰的最高补助为房价的60%。(2) 房租补助。主要是对低收入者、无家可归者提供廉价住房或房租补助，以保证"人人享有适当的住房"。间接补助是政府将补助提供给住房供给者。主要分为两种：（1）地产发展商的建房补助。政府主要是通过税收减免，提供低息贷款以及财政拨款等方式来促使住房开发商建造低成本的合理价位的住房。比如，1994年度苏格兰住房局总投资为3.82亿英镑，其中3.25亿英镑是补助给住房协会、合作组织以及发展商的。（2）社会出租补助，也称市场租金住房补助（Grants for Market Rent）。就是承租户承租社会出租住房时只需按政府所规定的租金标准支付，租金标准与市场租金之间的差额由政府直接补助给出租者。这种补助的目的在于增加高品质住房的供给，提高居民的居住水平。

此外，英国还提高公共出租住房租金，使房价与租金比趋于合理；公共出租住房转移给其他部门时（比如住房协会、住房公司等），以提高出租住房市场的效率。公共住房政策及其改革，对解决中低收入者住房问题，促进社会公平和稳定，提高住房自有化率，拉动经济增长等起到了重要作用。当然，它们在公共住房政策上也存在一些缺点，比如，随着"Right to Buy"政策的逐步实施，公共出租住房品质日益低下，公共出租住房社区日益贫民化；取消公共出租住房租金管制，导致低收入者更加依赖政府的住房补贴等。这些经验和教训，对健全我国公共住房政策及推动住房制度改革有着重要的借鉴作用。

五、德国

1. 法律确保住房市场有序发展

德国规范住房市场的法律基础是《住宅建筑法 II》。这项法律规定，开发商应该为社会不同阶层提供住房，在面积大小、房屋设施和租金或购买能力等方面，满足不同阶层需求。政府还资助私人投资者和地方房地产公司，帮助他们为在市场上难以获得住房的家庭提供质优价廉的租用房。

2. 大力推行"社会住房"和"住房金"等资助政策

据介绍，柏林有大约22.5万套"社会住房"，专供低收入者租住。要想租住"社会住房",必须申请获得居住资格证明。在柏林,个人年收入低于 1.7 万欧元,两口之家年收入低于 2.5 万欧元,都可以向所在区政府部门申请居住资格证明。

德国政府还实施"住房金"制度,通过向低收入家庭提供补贴,帮助这部分人群获得合适的住房。1965 年,联邦德国开始实施"住房金"政策,从 1991 年起这一政策开始在德国东部地区实行。在德国,只要满足法定条件,公民都有权享受"住房金"。统计显示,最近几年中,领取"住房金"的家庭,住房负担(包括房租和购房负担)占家庭税后月收入的比例由 45% 下降到 31%。

六、日本

日本政府推动住宅产业化重点做了两个方面的引导:一是从政策上引导,从调整产业结构角度提出发展设想;二是从生产力方式上引导,重点放在住宅产业工业化和技术方面,建立了"会计体系生产技术开发补助金制度"和"住宅生产工业化促进补贴制度"。20 世纪 60 年代中期,日本住宅建筑工业化有了相当发展,混凝土构配件生产首先脱离建筑承包企业,形成独立行业;构配件制品的工厂化生产和商品化供应发展很快,参与住宅生产的各类厂家越来越多。住宅的生产与供应开始从以前的"业主订货生产"转变为"以各类厂家为主导的商品的生产与销售"。日本政府围绕住宅生产与供应,将各有关企业的活动加以"系统化"协调。正是在市场关系发展这种重大变化的情况下,才提出了发展以承担住宅生产与供应的企业群为对象的"住宅产业"。

日本住宅建筑标准化是推进住宅产业化的基础,住宅产业化不仅要求住宅部件化程度较高,而且要建立标准化设计体系,使房间布局合理,室内设计细致周到,既可充分考虑美观和空间的节省,又可使现场组装建房方式更加高效,实施住宅智能化体系,以达到安全、便利、舒适和多元化信息服务的目的。

1. 政府以低税和免税优惠促进私人住宅的兴建与购置

日本的《住宅取得促进税制》中规定,利用住宅贷款自购、自建住宅的居民，在 5 年内可以从每年的所得税中扣除当年年底的住宅贷款剩余额的 1%。另外，对财产登记税、不动产所得税、城市建设税实行了减免，并且规定，住房资金中的赠款部分可以免缴赠与税。这些税收规定在刺激住宅建设、鼓励个人拥有住宅方面发挥了重要作用。

2. 以低息贷款促进企业从事民间住宅建设，依靠政府建立
   的住宅金融公库影响和支持住房建设

公库作为政府向居民自建或购买住房提供长期、稳定、低息贷款的机构，利息比市场低 1%～2%。

3. 发挥地方群众团体的作用，吸收社会资金发展住宅建设

日本政府还与地方公共团体共同成立住宅供给公社，分别建造面向中等收入者出售和面向低收入者出租的住房。其租金水平严格按收入线确定，一般占各收入层家庭收入的 18%～20%，平均为市场租金的 55%。

七、新加坡

1. 实行住房公积金制度

允许动用公积金存款的一部分作为购房的首期付款，不足部分由每月交纳的公积金分期支付。

2. 分级提供公有住宅补贴

严格按家庭收入情况来确定享受住房保障的水平，住房短缺时期只有月收入不超过 800 新元的家庭才有资格租住公有住宅。购买一套一套的公有住宅，政府补贴 1/3；购买三室一套的公有住宅，政府只补贴 5%；购买四室以上一套的公有住宅，不仅无补贴，而且按成本价加 5% 上缴政府。直接补贴的货币形式每年从财政预算中安排。新加坡公共租屋的租金一般占住户家庭收入的 4%～15%。

3. 减让土地费用

建屋发展局是新加坡最大的住房供应者，政府通过减让土地费

用的方式向建屋发展局进行间接补贴。

八、中国香港地区住宅政策内容及借鉴意义

中国香港居民的住房，主要通过两个渠道来获得——市场供给和政府供给。前者是由私人开发商规划、建设、销售和管理的，价格随市场供求的波动而变动，类似于国内的市场商品房。后者主要是由房委会统筹，房屋署具体组织、建设、分配和销售的，又称公共房屋。到 1993 年止，拥有 600 万人口的中国香港，已有 305 万居民住在公共房屋里。公共房屋包括以下几种类型：房委会及房屋协会辖下的租住单位（廉租屋），居者有其屋计划和私人机构参建居屋计划所建的房屋（居屋），房委会辖下的平房区及临时房屋区（统称为临时房屋）。其中廉租屋和居屋占公共房屋总数的 90%以上。

1. 居屋政策

居屋包括"居者有其屋计划"和"私人机构参与计划"两种渠道提供的住房。"居者有其屋计划"于 1976 年推出，目的在于出售住房给经济环境较好的住户，然后把他们交回的租住单位编配给有需要的家庭。这既能够增加为低收入者提供的廉租屋量，又能满足中低收入家庭自置居所的愿望。计划推出后，受到居民热烈欢迎。到 1993 年止，房委会售出的居屋总量达 190 000 个单位。"私人机构参与计划"是前一计划的辅助措施，它们之间的区别在于私人发展商以投标方式获得土地及建房权利。除此以外，它们在价格构成、销售对象、产权规定等各方面都与"居者有其屋计划"相同。这项计划充分利用了私人发展商在规划设计、资金运用等方面的诸多优势，补偿了政府建房的许多不足。同时，政府保证"私人机构参与计划"兴建的居屋以指定的价格出售，价高收益差额归政府，价低由政府负担不足部分并保证销售，发展商几乎不承担什么风险。并且，参与这一计划的发展商比较容易获得银行的信贷建设资金。尤其是在建筑业衰退期间，这项计划更具有吸引投资、刺激建

筑业迅速复苏的作用。

2. 廉租屋政策

租屋的土地政策与居屋的相同。在中国香港的几类公共房屋中，廉租屋是数量最多的一种。1992年，廉租屋占81.8%，居屋占18.2%。

廉租屋的租金政策。廉租屋的租金数额，主要是根据住户的负担能力来确定的。房委会依据住户人均居住面积的不同确定租金的最高限度。以每人5.5平方米使用面积的较低居住面积编配标准计算，租金与家庭平均收入的比例不能超过15%。以每人7平方米使用面积的最低居住面积编配标准计算，租金与家庭平均收入的比例不能超过18.5%。房委会还根据通货膨胀率、差价增幅、管理维修费用等的变化，以及影响屋村价值的其他因素的变化，每两年调整一次租金。

廉租屋的分配除了编配给符合条件的登记申请人之外，还要分配给受重建计划影响而住所拆除的人士。除此之外，还包括火灾或天灾灾民，位于危险地带的房屋及其他建筑物的居民，以及社会福利署推荐应给予安置的人士。

3. 公屋管理政策

中国香港特区政府对各类房屋的管理主要通过立法，以及鼓励业主和租户成立群众性的社会组织进行自我管理，有的社会组织通过办理注册登记手续成为法人团体。房屋的维修和服务，主要实行社会化，即通过订立合约，由各类专业化公司进行维修和提供服务。

4. 公务员住房政策

中国香港特区政府对公务员除实行高工资的优惠待遇外，还实行高福利的住房政策，不同级别的公务员差别对待。具体措施包括：

（1）低薪公务员申请分配公共屋村。从1982年6月开始，每年由房委会拨出当年兴建的公共屋村15%的房量给低薪公务员（25薪点以下的公务员）居住。目前，每年有约1000套居屋作为低薪公务员的房源。在居屋分配中，对这部分公务员实行单独轮候的办法。

（2）兴建公务员宿舍。公务员宿舍由公务员建屋合作社主办。20世纪80年代，由于合作社有意处理其房产，政府于1985年11月修订了公务员建屋合作条例，同意公务员还清政府贷款，缴交少量地价和名义租金后可享有楼宇的处置权，可以选择出售、出租。

（3）自购居屋资助计划。自购居屋资助计划主要目的在于稳定高中层公务员，因此对参与计划的对象有严格限制。申请人可自行购置物业，政府每月给予的资助约为该申请人月薪的50%，为期十年。但十年内如果离职，则此项资助自行取消。

此外，政府为了鼓励公务员买楼自住，通常按楼价的一定比例提供贷款，或提供相当于公务员本人18个月薪金的贷款，年息为14.5%，五年还清。此项贷款，在公务员服务期间，每人只能获得一次。

第二节　国外及国内部分地区住宅产业政策的经验和教训

一、经验

以上介绍的这些国家采取的住房政策各有特色，它们的成功经验可以归纳如下：

1. 建立和完善住房法律法规，明确住房建设和住房政策的管理机构，构建住房制度的框架体系，为实现住房计划目标提供了法律、制度和组织保证

凡是住房问题解决得比较好的国家和地区，都拥有相对完善的住房法律、法规。首先，政府按照法律规定成立了专门机构来保障

各项措施的执行；其次，为保证住房政策的有效执行，通过法律来引导和规范住房市场参与主体的行为，鼓励其服从于住房保障的整体目标要求；再次，采取其他配套政策措施，促进各社会各团体的住宅建设与各收入阶层的住宅消费。

在具体经验方面，除了上面提到的美国与韩国的经验，德国的《住宅建筑法Ⅱ》规定，开发商应该为社会不同阶层提供住房，在面积大小、房屋设施和租金或购买能力等方面，满足不同阶层需求。德国政府还积极资助私人投资者和地方房地产公司，提供价廉质优的租用房以解决那些无力在市场上获得住房家庭的居住问题。新加坡政府 20 世纪 60 年代公布并实施了《新加坡建屋与发展令》，明确了政府发展住房的目标、方针、政策，确立专门法定机构行使政府租屋建设、分配和管理职能，同时政府还颁布了许多相关配套条例，如《特别物产法》等通过立法确定解决居民住房问题的大政方针，为"居者有其屋"目标的实现提供了法律保障。

2. 确立和强化政府在解决中、低收入家庭住房问题中的作用

大部分国家社会政策的主要内容都是解决中低收入居民的住房问题，政府为此提供多种形式的保障资金。主要有以下几种模式：

模式一是完全由政府出资建房。美国解决公共住房问题的基本思路是，先由财政投资建造公共住房，解决中低收入者的住房问题，再转向提高住宅水平。联邦政府根据中低收入者占居民总数的比重，每年建设一定比例的公共住房，通过不断地积累解决了数量问题。新加坡也全部由政府出资建造公共住房。

模式二是政府按一定比例资助或出资建房。韩国建有多种形式的出租房供居民租用。其中之一是永久性公租房，占房屋建筑成本85％的资金由政府负担。还有可出售的公租房，韩国住房基金提供占总建筑成本 40％～50％的低息贷款，由国营的韩国政府公社开发建设。

模式三是向居民发放住房补贴。分为直接补贴和间接补贴。直接补贴是政府通过财政拨款对居民买房、租房、建房提供相应的资

助。间接补贴是政府通过减免税、控制租金、降低建筑材料价格等方式来资助居民获得住房。如美国的公共住房，法国的廉租房，韩国的永久性公租房和可售公租房等，实际上都是政府以直接补贴和间接补贴的方式为低收入阶层解决居住问题。

模式四是为低价房开发商提供政策优惠，鼓励其参与低价房供应。如韩国对从事租赁业务的房地产企业或社会组织提供金融和税收支持，对提供商品住房出租的开发商，其建设或投资购买用于出租房屋时申请的贷款可转为流动资金贷款，适当延长贷款年限，以及对利用自有房屋按规定向中低收入家庭出租的开发商和社会组织，实施税收优惠政策减免其营业税、企业所得税、房产税等。

3. 建立严格的收入划分标准和资格审查制度，使低收入居民成为真正的受惠者

上述国家和地区采用严格的资格审查制度，以有效解决低收入居民住房问题。主要有以下几种审查制度：（1）具有本国公民权，申请由本国政府提供的公租房或廉价房，必须是本国居民或获得居住资格证明。（2）无私有房产，那些拥有私有房产的居民不能申请购买公房。（3）严格限定收入水平，政府确定保障对象的收入标准，以审查申请公房的家庭收入限额是否符合标准，随着总体收入水平的提高，标准也相应提高，例如新加坡采用这种方法基本上能保证80％以上中低收入家庭能够得到政府提供的廉价房。（4）保障对象以家庭为单位，大部分国家和地区制定公租房保障对象一般以家庭为单位，例如韩国规定，永久性出租房只给占人口10％的最低收入家庭租用；租用可售公租房的低收入家庭可以在租期内进行住房储蓄，在租期结束时依靠住房储蓄和其他政府的金融支持购买公租房的产权。

4. 推行强制性住房储蓄，建立住房保障基金制度

上述国家实施强制性住房储蓄，要求政府或用人企业必须为职工建立住房保障基金账户，类似我国的公积金账户，要求个人也要

进行一定比例的住房储蓄，为住房建设提供资金保障。如新加坡政府 1955 年开始实行住房商品化和公积金制度，规定每个雇员每月以工资的 1/5 缴纳，国家机关和私人机构缴纳相略低于员工工资的比例，合起来相当于雇员月薪的 2/5，这笔钱以员工的名义存入中央公积金局，为职工提供购房、医疗、保险和养老，不得挪作他用。

5. 发展住房抵押贷款业务

完善住房金融制度，发展住房抵押贷款业务是很多国家推进住房市场化运作、提高购房能力、改善居民住房条件的重要途径。如美国，联邦政府为鼓励中低收入家庭拥有自己的住房，提供了以下两种优惠政策：一是税收优惠，即联邦政府对第一次购房者实行个人所得税减免。二是抵押贷款优惠，即金融机构对第一次购房者提供低息贷款或抵押贷款担保。受益于此，购房者首付仅需房款总额的 5%，贷款额可达房款总额的 80%~96%，还款期为 20~30 年，利率一般为 6%~8%，低于其他长期贷款利率。

6. 竭力遏制房地产投机

美国的很多州都有专门的规定，一个住宅项目中只有部分房屋可以出售给作为投资使用的客户，这个比例最大不能超过总量的 10%，通常为 5%~7%；自住房如果居住不满两年就出售，屋主必须缴纳高额罚金等。韩国政府通过提高房地产转让税率，禁止住宅预售权转让，课征房地产保有税等措施，限制房地产投机活动。法国政府对房产所有者课以重税，避免投机者扰乱房地产市场秩序。还征收很高的遗产税，这使得房地产作为遗产的价值大大缩水。增加了那些想通过"倒房"赚钱的人的成本，也在某种程度上减少了市场上的住房需求。受此影响，法国人很少通过房地产市场进行投资或财产保值增值。

二、教训

上述经验值得我国借鉴和学习，但是，我们也应该了解，一些国家在实施住房政策过程中，出现过较大的失误，其教训同样为我们起到警示作用。

1. 政府承担的住房保障责任不充分

以印度发生的住房问题为例，大部分低收入家庭的住房条件较差，平均每个家庭只有一间住房，30％以上的城市居民居住在贫民窟中。都是由于政府承担的住房保障责任不充分。印度政府制定了国家住房政策，以各种方式和途径鼓励各阶层居民把储蓄用于投资建房，但住房建设所需总投资的90％要依靠居民储蓄投入，政府的财政收入没有足够的能力支持住房建设需要的巨额投资，导致印度成为世界上住房问题最为严重的国家之一。

2. 制定的保障制度与建筑标准不配套

在泰国，由于住房建筑工程设有最低的专业标准，建筑成本较高，尽管政府为低收入居民提供购房低息贷款和补贴，但仍是大大超过居民的实际支付能力。因此，政府公租房的非法买卖现象，即低收入居民获得政府公共援助住房后转卖给高收入居民，在泰国比较普遍。我国在转让经济适用房的政策制定中应引以为戒。

3. 监管不力、保障措施落实不到位

政策的制定需要有力的监管，以保证政策落实到位。在一些发展中国家，由于政府监管工作不到位，一些不法房地产商为了追求高额利润千方百计钻法律空子，或囤积房屋，投机买卖，造成房价人为飞涨。泰国实施"扶贫安居房"项目以来，政府监管不严，开发商降低成本，低质交房的事件时有发生；马来西亚执行公共廉价房政策时，开发商经常采取各种变通的手段，不按规定30％的比例提供廉价房，降低开发成本、逃避社会责任。此外，美国发生的次贷危机根本原因也是由于监管部门对市场监管不严，放任企业和投资者的过度投机行为，而造成了最后影响全球的金融风暴。

4. 政策规定与实际收入和居住状况相脱节

要防止在制定公共住房建设保障政策时，未详细研究土地转让方式、房贷申请标准等制度，在公共住房建成后，实际受惠者都是

中等收入的居民，原计划的租住对象——低收入居民却法享受到该优惠。例如，印尼政府要求贷款购房者必须提交工作单位的担保信作为信用证明之一，但这类购房人群大部分为失业人员或在非正式企业部门工作，低收入者无法取得工作单位的担保去购买住房，导致房贷政策形同虚设

5. 对住房抵押估值不充分损害居民利益

政府制定的住房抵押贷款未考虑通胀因素，利率和期限不合理，在高通胀时期导致住房抵押贷款利用率很低。以墨西哥在此方面的经验教训为参照，我国在实行住房抵押贷款政策时，需要考虑通胀因素对贷款进行通胀指数化调整，减弱通胀因素的影响，保护居民的利益。

第四章 城镇住宅建设的发展

第一节 我国城镇的住宅建设

一、我国城镇住宅建设的发展情况

新中国成立以来，随着城镇居民住房建设政策的变化，我国城镇住宅建设经历了从缓慢发展到快速发展的过程（如图 4-1、图 4-2所示）。从 1950 年到 2008 年，我国城镇人口从 6169 万增长到60667 万，增长了 9.83 倍，城镇人均住宅建筑面积到 2006 年增长到 27.1 平方米①，比 1950 年的 7.2 平方米增长了 2.75 倍，建设部提供的统计数字显示，到 2008 年年底，城镇居民住房成套率达到83%以上。城镇居民的住宅条件得到了根本性的改善。

1. 我国城镇住房建设的发展历程

我国城镇住房建设大体上经历了三个阶段。

第一阶段是 1950 年至 1977 年，这一时期我国城镇住房主要由政府建设：一是在大型工程建设中安排一定数量的职工住房投资；二是根据城市发展和政府部门、企事业单位的需要，每年按计划投

---

① 国家统计局没有公布 2008 年以后的城镇人均住房建筑面积数据。

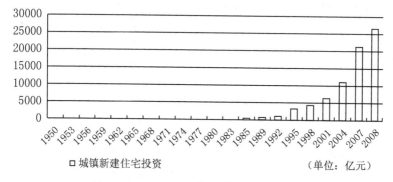

图 4-1　1950—2008 年城镇新建住宅投资

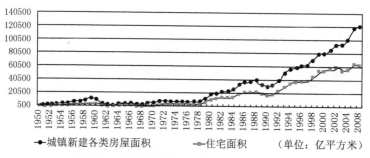

图 4-2　新中国成立以来城镇新建住宅情况

资建设一定数量的住房。这些住房主要是采取分配的办法出租给政府机关工作人员、企事业单位的职工和因建设需要而被拆迁的居民。城市的其他居民只能租用新中国成立后被收归国有的旧城区住房。当时按照"先生产，后生活"的原则，国家每年投入住房建设的资金数量很少，1950 年我国城镇新建住宅投资只有 1.25 亿元，约占全社会固定资产投资的 11.0%，不到当年国民生产总值的 0.5%；虽然随着经济的发展和建设投资的增长，住房建设的投资也随之增加，年均增长速度为 13.8%，但到 1973 年才超过 20 亿元，1977 年也只有 26.3 亿元，占全社会固定资产投资的比例下降到 8.9%，不到当年 GDP 的 1%。1950—1977 年累计新建住宅投资总额 330 亿元，累计竣工城镇住宅面积为 4.9 亿平方米，住宅面积占同期新增房屋面积的比重仅有 32.2%。由于城镇居民的数量也在不断增加，从 1950 年的 6000 多万增加到 1.2 亿，这一时期绝大多数居民的住房条件一直得不到有效的改善，1978 年城镇人均住宅建筑面积仅有 6.7 平方米，比 1949 年还低。[①] 当时许多居民是两家甚至三家挤住在一套只有几十平方米的住宅中，夫妇结婚几年仍然住在集体宿舍也是较为普遍的现象，绝大多数的城镇居民处于"蜗居"状态。

第二阶段是 1978 年至 1997 年。从 1978 年开始，国家改变了计划经济时期"先生产，后生活"的观念，开始重视城镇居民的住房问题，并大幅度提高了城镇新建住宅投资，当年达到 39.2 亿元，比 1977 年增长了 49%，占当年国民生产总值的 1.1%。1978 年，国家改变了房屋完全由政府投资建设的政策，原国家建委在当年 9 月召开的"城市住宅建设会议"提出，除国家要拿出更多的资金建设城市住宅外，要求地方政府也加大住宅建设的力度，并允许企业使用自筹资金建设职工住宅，试行"自建公助"、"分期付款"等办法鼓励和组织个人集资建房。之后，一些城市组建立了专门的公司，从事住宅建设。1984 年 9 月国务院颁布的《关于改革建筑业和基本建设管理体制的若干问题的暂行规定》提出，城市要建立城市综合开发公司，对城市土地、房屋进行综合开发，商品房开始成为解决城市居民住房的一个重要渠道。政府和房地产企业共同为居民提供住房，使城镇住房建设投资快速增长。这一时期，除去 1989、1990 年经济调整时期和 1997 年受亚洲金融危机的影响经济发展较为缓慢，投资规模略有回落外，城镇居民住宅建设投资基本上保持了每年 30% 以上的快速增长。其中，1985 年投资增速达到 51.2%，1992 年投资增速达到 58.2%，1993 年投资增速高达 87.9%。1978—1997 年的 10 年中，累计新建住宅投资总额 19917 亿元，是前 29 年的 60 倍，年均增长 28.2%；累计新建住宅面积 42.6 亿平方米，是前 29 年的 8.6 倍。住房建设投资逐年的快速增长，使城镇居民住房

---

① 国家统计局编：《新中国 60 年》，中国统计出版社 2009 年 9 月版，第 348 页。

条件不断得到改善。虽然城镇人口迅速增加 3.7 亿，但不妨碍人均住宅建筑面积稳步增长，到 1997 年，已达到 17.8 平方米，新住宅楼如雨后春笋般拔地而起，大量居民乔迁新居，成为许多城市的新景象。

第三阶段是 1998 年至今。1998 年住房分配制度改革取得重大突破后，房地产业迅猛发展，城镇住宅建设的投资规模不断扩大。这一时期城镇新建住宅投资保持了比较稳定的快速增长，除 2000 年外，每年的增速基本保持在 15%～28% 之间，每年新建住宅面积保持在 4.7 亿～6.6 亿平方米左右，投资增长的稳定性好于前两个阶段。2004 年，城镇新建住宅投资规模超过 1 万亿元大关，2008 年城镇新建住宅投资达到 26516 亿元，占当年全国城镇投资的 17.8%，国内生产总值的 8.6%。1998—2007 年的 10 年中，城镇新建住宅累计投资 14.68 万亿元，是 1978—1997 年 20 年的 7.38 倍；累计新建城镇住宅面积 58.6 亿平方米，是 1978—1997 年的 1.38 倍。2008 年竣工住宅达到 7.6 亿平方米，是 1978 年的 20 多倍，1997 年的 1.50 倍。

城镇居民住房条件得到较大改善也是从 1998 年住房改革开始的。这一时期，公有住房出售、货币化分房等一系列住房新政不断出台，住房投资实现了社会化、多元化，住房消费的市场化脚步加快，推动了房地产业的快速发展。

2. 房地产开发投资的发展状况

改革开放之后，我国结束了城镇居民住房完全由政府建设的单一格局，投资主体日渐多元化，房地产业蓬勃发展，在城镇住宅建设中发挥着越来越大的作用。

在福利分房制度终止之前的 1997 年，房地产开发投资占城镇住宅投资的比重已达 46.4%；福利分房制度终止后，房地产开发投资占城镇住宅投资的比重迅速提高，成为城镇住宅建设的主要力量。从国家统计局已经公布的数据看，2007 年该比重为 84.8%，2008 年由于金融危机和其他一些因素的影响，略有下降，仍然达到

84.6%，较 1997 年上升了近 38 个百分点。房地产开发住宅投资占城镇固定资产投资的比重由 1997 年的 8.0% 上升到 2008 年的 15.1%，提高了 7.1 个百分点（见表 4-1）。2008 年城镇竣工住宅 75969 万平方米，其中房地产开发住宅为 66545 万平方米，比重达到 87.6%。随着房地产住宅投资的快速增长，房地产业的投资也快速增长，2008 年达到 31203.2 亿元，占城镇固定资产投资的 21%；房地产业的增加值达到 12720.0 亿元，占国内生产总值（GDP）的 4.2%，占第三产业增加值的 10.6%。

表 4-1　城镇固定资产投资及住宅投资状况

年 份	城镇固定资产投资（亿元）(1)	城镇住宅投资（亿元）(2)	城镇住宅房地产开发投资(亿元)(3)	(3)/(2)(%)	(2)/(1)(%)	(3)/(1)(%)
1997	19194.2	3319.7	1539.4	46.4	17.3	8.0
1998	22491.4	4310.8	2081.6	48.3	19.2	9.3
1999	23732.0	5050.9	2638.5	52.2	21.3	11.1
2000	26221.8	5435.3	3312.0	60.9	20.7	12.6
2001	30001.2	6261.5	4216.7	67.3	20.9	14.1
2002	35488.8	7248.9	5227.8	72.1	20.4	14.7
2003	45811.7	8624.8	6776.7	78.6	18.8	14.8
2004	59028.2	11010.1	8837.0	80.3	18.7	15.0
2005	75095.1	12825.8	10860.9	84.7	17.1	14.5
2006	93368.7	16305.5	13638.4	83.6	17.5	14.6
2007	117413.9	21238.3	18010.3	84.8	18.1	15.3
2008	148738.3	26516.0	22440.9	84.6	17.8	15.1

投资规模数据来源：《中国统计年鉴》（2009）。

房地产业是上下关联度较高的产业，与其直接关联的上下游行业就有 40 多个，它的快速发展促进了这些行业的快速发展，有力地推动了整个国民经济的增长，已成为名副其实的支柱产业。1998 年以来，房地产住宅投资除 2005 年和 2008 年之外，一直快于城镇固

定资产投资的增长，资增速一直在 22％以上，1998 年最高达到
35.22％，2007 年次之为 28.16％，2005 年最低，也达到 22.90％。
1998—2008 年的 11 年中，房地产住宅投资年均增长 27.6％，同期
的城镇住宅投资，城镇投资年均增长 20.5％，均低于房地产住宅投
资的增长（见表 4-2）。

表 4-2 城镇固定资产投资、住宅投资的增长情况（％）

年 份	城镇固定资产投资	城镇住宅投资	房地产开发住宅投资
1998	17.18	29.86	35.22
1999	5.52	17.17	26.75
2000	10.49	7.61	25.53
2001	14.41	15.20	27.32
2002	18.29	15.77	23.98
2003	29.09	18.98	29.63
2004	28.85	27.66	30.40
2005	27.22	16.49	22.90
2006	24.33	27.13	25.57
2007	25.75	30.25	32.02
2008	25.90	24.90	24.60

基础数据来源：《中国统计年鉴》（2008—2009）。

从表 4-2 可以看出，在东南亚金融危机之后的 1998—2002 年我
国经济恢复期，城镇固定资产投资与房地产住宅投资的增长存在较
大的差距，其中 1999 年的城镇投资增长只有 5.52％，而房地产住
宅投资的增长达到 26.75％，相差 21.23 个百分点，为当年城镇投
资的增长贡献了 1.39 个百分点，占 25.18％。如果没有房地产开发
投资的快速发展，城镇投资和全社会的投资增长将会更低。说明房
地产开发投资在国家扩大内需时期起到了较大的作用。

3. 城镇住宅销售情况

随着我国社会经济体制的改革变化，我国城镇居民住房供给制度自新中国成立以来发生了巨大变化。20 世纪 80 年代初，我国的城镇住房制度改革通过住房商品属性问题的讨论，明确了住房是商品，必须按商品经济规律来组织生产经营、流通、分配和消费。90年代初，实现住房市场化的指导思想进一步被明确，城镇居民住宅由原有的以单位、集体实物分配为主渠道转变为以商品住宅为城镇居民住房供给的主渠道。1998 年货币分房以后，在全国城镇新建的各类商品房屋面积中，商品住宅逐渐占据了半壁江山，比重维持在52%～70%之间，半数以上的城镇家庭居住在购买或租赁的住宅中。

城镇居民住房供给机制发生巨变，商品住房供给成为主渠道，城镇居民购买住宅资金来源多样化。由 90 年代住房货币化改革伊始的居民以工资储蓄为主到个人住房贷款以及住房公积金贷款等多渠道的资金来源，居民购买住房资金来源得到一定程度的拓宽，也在一定程度上促进了商品房市场的繁荣。中国在 2001 年年底加入WTO 之后，随着金融体制改革的进展，城镇居民住房消费的个人住房贷款品种也不断增加，还款方式、偿还期限、贷款利率、首付率搭配日益灵活，住房消费信贷规模快速发展，商品房的住宅销售额随之逐年增加（如图 4-3 所示）。我国的商品住宅销售额从 1997年开始到 2007 年，增速虽然有起伏，但一直以 20% 以上的速度增长，在 2008 年由于金融危机和一系列调控政策出台的影响，住宅销售增长趋势变缓。其中 1998 年由于住房货币化政策的实施，商品房住宅销售额增长速度达到了 42.6% 的峰值，在 2000 年后，在鼓励房地产业发展的政策带动下，在 2005 年出现了销售额的峰值，达到69% 的高速率。在 1998—2008 年间，我国城镇写字楼、商业营业用房销售都比商品房住宅类低迷，住宅销售额占商品房销售额比重维持在 80%～85%，商品房销售额主要来源于住宅的销售，这为住宅投资和投机性需求的上涨，城镇住宅价格居高不下埋下了伏笔。

表 4-3　商品住宅销售额及增速

年　份	商品房销售额 （万元）	商品房住宅 销售额（万元）	住宅销售额占 商品房销售额 比重（%）	商品房住宅 销售额增速 （%）
1991	2378597.00	2075979.00	87.28	—
1992	4265938.00	3798493.00	89.04	83.0
1993	8637141.00	7291913.00	84.43	92.0
1994	10184950.00	7305208.00	71.73	0.2
1995	12577269.00	10240705.00	81.42	40.2
1996	14271292.00	11069006.00	77.56	8.1
1997	17994763.00	14075553.00	78.22	27.2
1998	25133027.00	20068676.00	79.85	42.6
1999	29878734.00	24137347.00	80.78	20.3
2000	39354423.00	32286046.00	82.04	33.8
2001	48627517.00	40211543.00	82.69	24.5
2002	60323413.00	49578501.00	82.19	23.3
2003	79556627.00	65434492.00	82.25	32.0
2004	103757069.00	86193667.00	83.07	31.7
2005	175761325.00	145637616.00	82.86	69.0
2006	208259631.00	172878070.00	83.01	18.7
2007	298891189.00	255658111.00	85.54	47.9
2008	250681830.00	211960034.00	84.55	—17.1

数据来源：根据国家发改委中宏数据库基础数据整理得出。

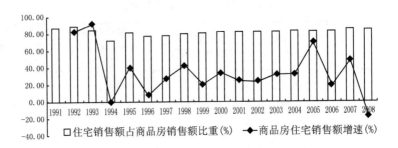

图 4-3　1991—2008 年商品住宅销售额变动趋势

4. 住房消费已成为城镇居民的主导消费

从福利分房制度到住房商品化，随着住房体制改革，住房资源得到了有效分配和利用，城镇居民的住房消费观念得到彻底改变。城镇居民住房自有率、城镇私有住房占住房总量的比例越来越高。目前，住房消费已经成为城镇居民主导性的消费内容之一。2006年，个人购买商品住宅占商品住宅销售面积的 9 成多。1981 年，城镇居民家庭平均每人全年住房消费（主要以房租形式）为 6.36 元，占全部生活费支出的 1.39%，2008 年，城镇居民家庭平均每人全年居住消费为 1145.41 元，占全部消费性支出的 10.19%。

二、我国城镇住宅建设投资结构分析

改革开放之后，在投资主体多元化的同时，城镇居民住房开发建设资金来源也逐渐实现了多元化，包括外商和港澳台商在内的国有、集体、股份合作、集体联营、私营独资、私营合伙、合资经营等多种形式的投资主体进入城镇居民住房建设市场。2006 年，全国有内资房地产企业 53268 个，占全部房地产企业的 90.7%，港澳台商房地产企业为 3519 个，占全部房地产企业的 6.0%，外商投资企业 1923 个，占全部房地产企业的 3.3%。[①] 在内资企业中，民营企业与国有及国有控股和集体及集体控股企业基本平分秋色。

投资主体多元化使城镇住房建设的资金来源由最早的完全以政

①　数据来源：课题《我国城镇住房中长期发展目标研究》的资料数据。

府预算内资金为主转变为以自筹资金和国内贷款为主，政府投资主要用在保障性住房上，在城镇住房建设中的比例一直较少，住房建设投资的 90％以上是房地产企业商品房建设的投资，其资金来自上述各类所有制企业的自筹资金、银行贷款、外资、债券、购房者的定金、预付款、个人按揭贷款和建筑承包企业的部分工程预先垫付款等。

在表 4-4 中显示的 1998—2008 年城镇商品住宅建设的资金来源中，由债券、购房者的定金、预付款、个人按揭贷款和建筑承包企业的部分工程预先垫付款等组成的其他资金占的比重最大，在 40％～50％之间，均在 43％以上，且一直呈现上升趋势，在 2004年达到峰值 50％。其次是房地产企业自筹资金，占 25％～40％，这是由国家房地产投资的资本金政策规定的。第三是金融机构对房地产企业建设项目的直接贷款，占 20％左右，并从 2003 年以前的20％以上下降为 2004 年的 20％以下，主要是为防止房地产业过热，国家从金融及信贷政策上加以抑制的结果；但如果加上同样是由金融机构提供的购房者按揭贷款，两者之和达到 50％左右，说明房地产建设对金融机构信贷的依赖性仍然很大。外商对我国城镇住房建设投资所占的比例一直较少，其直接投资一直在 10％以下，2000 年以后一直低于 5％，基本呈下降趋势。

表 4-4　城镇居住住宅开发投资资金来源结构

年　份	本年资金来源合计	国内贷款占比（％）	利用外资占比（％）	外商直接投资占比（％）	自筹资金占比（％）	其他资金来源占比（％）
1997	38170650.00	0.24	0.12	0.09	0.25	0.38
1998	44149422.00	0.24	0.08	0.06	0.26	0.41
1999	47959012.00	0.23	0.05	0.04	0.28	0.43
2000	59976309.00	0.23	0.03	0.02	0.27	0.47
2001	76963877.00	0.22	0.02	0.01	0.28	0.48

续 表

年 份	本年资金来源合计	国内贷款占比（%）	利用外资占比（%）	外商直接投资占比（%）	自筹资金占比（%）	其他资金来源占比（%）
2002	97499536.00	0.23	0.02	0.01	0.28	0.47
2003	131969224.00	0.24	0.01	0.01	0.29	0.46
2004	171687669.00	0.18	0.01	0.01	0.30	0.50
2005	213978389.00	0.18	0.01	0.01	0.33	0.48
2006	271355516.00	0.20	0.01	0.01	0.32	0.47
2007	374779610.00	0.19	0.02	0.01	0.31	0.48
2008	396193602.00	0.19	0.02	0.02	0.39	0.40

数据来源：根据国家发改委中宏数据库基础数据整理得出。

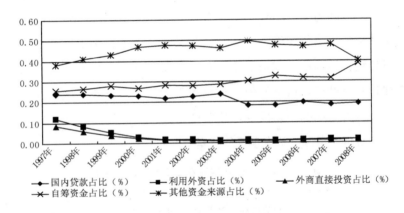

图 4-4　城镇居住住宅开发投资资金来源结构

三、城镇住宅价格变动情况

我国 1998 年取消福利分房政策之后，大部分城镇居民要靠市场解决住房问题。由于城镇居民数量不断增加，以及随着收入增加和生活水平的提高，改善住房条件的需求日益增长，我国城镇住宅一直处于供不应求的局面，平均销售价格从 1998 年后呈现逐年上涨趋势（见表 4-5）。

表 4-5　我国住宅平均销售价格及增速

年　份	住宅平均销售价格（元/平方米）	同比增速（%）	经济适用房平均销售价格（元/平方米）	同比增速（%）
1997	1790.00	—	1097.00	—
1998	1854.00	3.58	1035.00	−5.65
1999	1857.00	0.16	1093.00	5.60
2000	1948.00	4.90	1202.00	9.97
2001	2017.00	3.54	1240.00	3.16
2002	2092.00	3.72	1283.00	3.47
2003	2197.00	5.02	1380.00	7.56
2004	2608.00	18.71	1482.00	7.39
2005	2937.00	12.62	1655.00	11.67
2006	3119.00	6.20	1729.00	4.47
2007	3645.00	16.86	1754.00	1.45
2008	3576.00	−1.89	1929.00	9.98

数据来源：根据国家发改委中宏数据库基础数据整理得出。

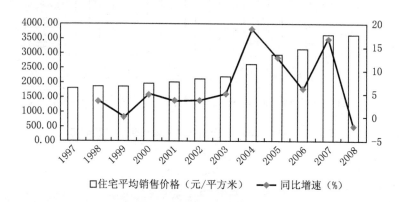

图 4-5　1998—2008 年全国经济适用房平均销售价格及增速

从图 4-5 可以看出，在住房制度改革初期，房价的上涨相对平稳，但在 2003—2008 年我国经济进入快速发展期之后，在国家调控政策和国内外经济形势的影响下，商品房价在高增长的同时出现了大幅度震荡的局面。在 2004 年上涨 19%，形成第一个高峰，之后由于国家连续出台了一系列控制价格上涨的措施，使商品房市场升温，商品房价上涨在 2006 年跌到谷底，但是在 2007 年商品房价又上涨 17%，形成第二个峰值。在国家不断紧缩货币政策和世界金融危机的影响下，房价在 2008 年出现负增长，形成第二个谷底。但这是相对 2007 年高价位的小幅下降，整体房价实际上仍处于大多数居民的购买能力之上。进入 2009 年之后，在国家促进包括房地产业在内的投资政策和扩大内需政策的推动下，商品住宅的价格随着我国经济发展的恢复增长而增长，又进入了正增长阶段。

在商品住宅价格上涨的带动下，经济适用房的价格同样经历了大体相同的增长震荡（如图 4-6 所示）。

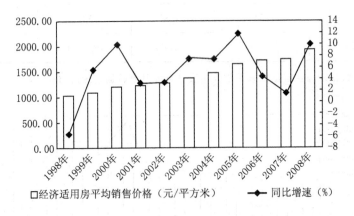

图 4-6　1998—2008 年全国住宅平均销售价格及增速

第二节 我国住宅建设发展历程

一、我国住宅建设发展规模与速度分析

1. 投资总规模

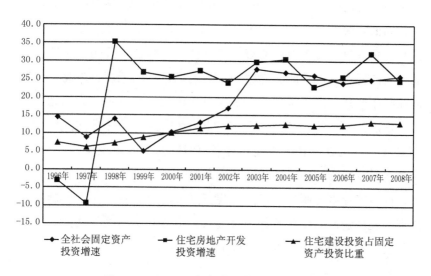

图 4-7 1996—2008 年全社会住宅开发投资与
固定资产投资增速比较 单位:%

图 4-7 中显示,1996—2008 年,我国房地产开发投资与固定资产投资变动方向基本保持一致,出现三个变动周期,分别为 1987—1990 段、1990—1997 段、1997—2005 段。其中 1990—1997 段周期走势最陡,1997—2005 走势比较平缓,目前仍处于下降趋势,尚未到达第三个周期的波谷。

1993 年,由于邓小平南方谈话的推动,房地产开发投资和固定资产投资均达到了最高峰,房地产开发投资出现了历史以来的最高

增长速度 164.98％，固定资产投资也随之达到了最高值 61.78％。1993—1997 年，国家对房地产潜在泡沫进行调控，二者均处于下降趋势，于是 1997 年，房地产开发投资增速跌到了低谷，出现了 1990 年的－7.11％之后的另一个负增长率－1.18％，这个低谷值是由亚洲金融危机引起的连带效应。1998 年，国家提出了住房货币化政策，促进了房地产业的新一轮发展空间，房地产开发投资与固定资产投资双双以两位数的增长速度向前发展。特别是房地产开发投资从 2000 年开始至今，增长速度均超过了 20％，2003 年达到了第三个周期的波峰 30.33％。房地产开发投资和固定资产投资出现过热的局面，央行颁布了"121"号文件，对房地产信贷进行了风险提示，中央政府对房地产的态度由支持转为警惕，拉响了房地产宏观调控的警报。但是此文件遭到了房地产市场的抵制，为此，国务院在同年 8 月又出台了"18 号"文件，将房地产业定位为拉动国家经济发展的支柱产业之一，明确定出了房地产业的持续健康发展。2004 年，在国家"管严土地，看紧信贷"为主的宏观调控政策下，房地产开发投资和固定资产投资均开始降温。2005 年，中央出台文件，调控目标由控制房地产投资规模过大的单一目标向既控制投资速度又要抑制商品住房价格上涨过快的双重目标转换。从此，房地产开发投资和固定资产投资将以平稳的速度增长。

2. 经营总收入

房地产企业经营总收入，包括土地转让收入、商品房屋销售收入、房屋出租收入和其他收入。图 4-8 中显示，房地产经营总收入一直处于上升趋势，2005 年，已经达到了 14769 亿元。房地产开发经营总收入增长速度却变动很大，经历 5 个周期，其中以 1989—1994 年的周期幅度最大，1993 年达到了史上最高点 114.9％，其余四个周期的最高点分别为 1995 年、1998 年、2000 年和 2004 年。1995 年的增速升高是由于 1994 年国家在南方房地产热后采取了限制投资政策，致使 1994 年跌到了谷底，1995 年政策又有所缓和，使得经营总收入开始回升。1997 年又开始降到谷底，这是由于亚洲金融危机的影响。1998年，国家开始实行住房货币化政策，又一次刺激了房地产业的繁荣，房地产增速迅速提升，在2000年后，在鼓励房地产业发展的政策带动下，土地和房屋建设规模、销售规模和转让规模加大，房地产经营总收入也水涨船高，并在2004年又达到了一个峰值。2004年，国家实行了土地"8.31"大限和金融贷款的限制，致使土地转让收入和房屋销售收入降低，房地产经营总收入又一次增速下降。可见，国家政策和行业环境对房地产行业影响极大。

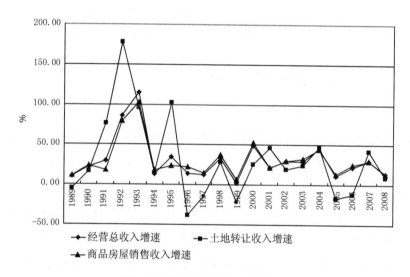

图4-8　房地产企业经营总收入

3. 住宅销售额

图4-9中可以看出，商品房销售额从1997年开始到2005年，一直以较快的速度增长，其中1998年由于住房货币化政策的实施，销售额增长速度达到了39.7％的峰值，2004年，达到了第二个峰点33.53％，之后由于国家当年政策的限制，2005年出现了销售额增长率下滑，但仍然保持27.28％的高速率。在商品房销售额中，销售给个人的商品房占有绝大多数的比例，从1998年的79.8％上升到2005年的92.45％，且从1999年开始逐年上涨。可见，个人对商品房表现出了强烈的需求。

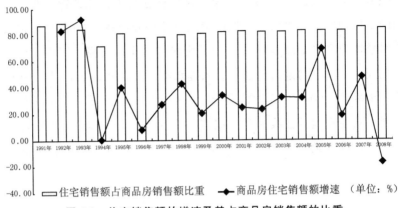

图 4-9   住宅销售额的增速及其占商品房销售额的比重

二、全国住宅建设结构分析

1. 资金来源构成结构

如图 4-10 所示：自筹资金占年末资金来源的 27％～30％，这是由国家房地产金融政策规定的。外资、债券和国内预算三者比例占据不大，且基本呈下降趋势，这说明房贷多元化局面还有很大程度的提升空间。国内贷款的比重逐年下降，这说明金融机构的抑制房贷、防范房地产金融风险政策起了一定作用，特别是 2004 年，已经达到了 7 年内的最低值 18.396％，而 7 年内平均比例为 22.32％。

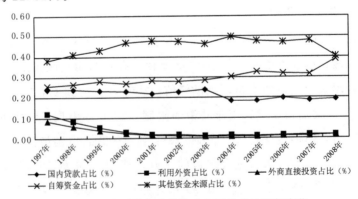

图 4-10   我国住宅建设资金来源构成的历年变化

其他资金来源占有最大的比例，从 1999 年开始到 2004 年，均在 43% 以上，且一直呈现上升趋势。国内贷款和自筹资金占据 50% 左右的比重，而除了国家预算内资金、债券、利用外资（三者的比例之和在 1998—2004 年在 1.4%～9.25% 之间波动），其他资金基本来源于消费者的购房定金、预付款和建筑承包企业的部分工程预先垫付款，这个资金从 1999 年开始至 2004 年一直占据 43% 以上的比例，而这笔资金（43% 以上）消费者的定金和预付款要占据 80% 以上的比例达到 34.4%（43%×80%＝34.4%）。除 20% 的首付款（34.4%×20%＝6.88%）外，其余 27.52% 以上基本都来源于银行贷款。这样算来，来源于银行存款的款项要占据 49.84%（22.32% ＋27.52%）以上，对银行信贷的依赖性仍然很大，发展多元化的融资方式以减少银行信贷风险仍任重而道远。

2. 住宅建设施工与竣工面积

图 4-11 显示，我国 1997—2004 年间，当年土地开发面积在 2003 年之前一直是递增状态，2004 年开始下降，这是因为 2004 年，国家对出让土地实行"招拍挂"的"8.31"大限政策，导致开发商故意延缓开发进度，降低房屋土地供给量。正在开发的土地面积基本保持不变。待开发土地面积，也就是已经获得土地使用权但还没有开发的土地（按规定 2 年内必须开发），也保持缓慢地上涨，这种

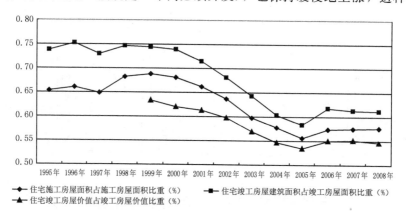

图 4-11 我国住宅建设竣工面积历年变化

状况的出现有两点成因：第一，开发商延缓开发，囤积土地，造成房屋有效供给不足，借以抬高房价；第二，房屋拆迁补偿不到位或进展不顺利，致使土地开发延后。土地购置面积 2003 年以前一直是递增趋势，2003 年达到一个峰值 65696.48 平方米，比 2002 年提高109.51％，圈地之风达到了高潮。2004 年陡然下降，降到 39784.66平方米，出现了负增长，这是为了限制房地产开发投资过热，2004年，国家出台了一系列冻结土地审批的严厉政策和措施，土地供应的"闸门"作用得到充分发挥。我们可以通过下列公式来计算开发商囤积在手的土地资源：土地完成开发面积＋正在开发的土地面积＋待开发的土地面积＋本年购置土地面积。由于数据不足，我们只能估算一个数值（8 万多公顷），这样算来，开发商手里有大批土地存量。

3. 住宅建设投资结构

如图 4-12 所示，国家在 1998 年实行了住房供给货币化政策后，商品房投资总额从 1998 年开始逐年上升，2004 年已经达到了13158.2 亿元，其中住宅类投资也随之呈现逐年递增序列，增长速度很高却略有波动，大致比例在 23％～36％之间。然而，住宅投资占商品房投资的比重除了 2003 年外，逐年上涨，比例最低为 1998年的 57.59％，最高为 2004 年的 67.16％，如此高的比例，足以证

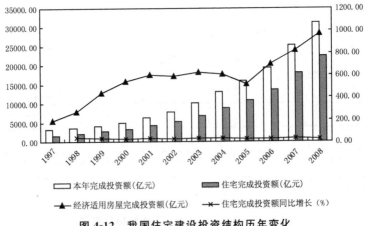

图 4-12　我国住宅建设投资结构历年变化

明住宅类投资已经成为商品房建设中的主要核心力量，而其余力量（办公楼、商业营业住房和其他）不足 40%。在住宅类投资中，经济适用房也在随国家的政策逐年递增，1999 年经济适用住房占商品房投资的比重为近年来最高，达到 10.65%，然后逐年递减，2004年为 4.61%，其占住宅类的比重也不高，最高为 1999 年的16.56%，之后逐年递减为 2004 年的 6.86%，如此低的比例，说明了政府对解决中低收入群体的住房政策依然没有落到实处。据统计，经济适用房与商品房相比，利润率仅为 5%～10%，开发商为了追求高利润，一味地追求中高档商品房的开发，致使中低收入群体的百姓住房问题没有得到解决。

三、全国商品住宅价格分析

图 4-13 和图 4-14 显示：全国房地产商品房价格从 1997 年开始呈现逐年上涨趋势，增长速度除 1999 年出现负增长－0.48%外，其余年份均以较快的速度上涨，特别是 2004 年和 2005 年分别达到了17.76% 和 10.01% 的增速，2005 年房价增速降低的原因是当年国家新老"国八条"的下达和 7 部委《关于做好稳定住房价格工作的意见》的发布。如此高的增长速度，如果单纯从房地产供不应求的角度分析，是不合适的，因为商品房的空置面积相对还是很大的。

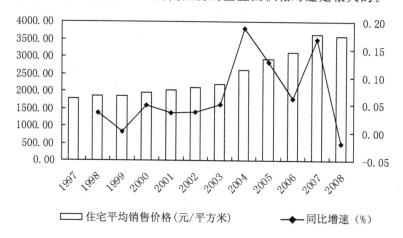

图 4-13　我国商品住宅平均售价历年变化

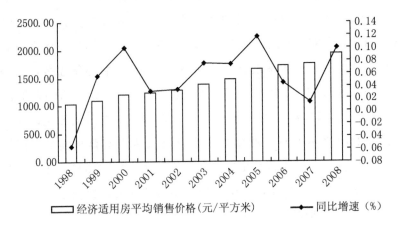

图 4-14 我国经济适用房平均售价历年变化

所以我国房地产价格的上涨决不能仅仅从供求的角度简单分析，它还与房地产产业政策、市场监管、房地产成本等综合因素有关。就商品房市场而言，住宅价格一直呈现上升状态，且增长速率自 1999 年开始不断上升，2004 年达到最大增长率 18.71%，可见居民对住宅的需求比较旺盛。

四、全国大中型城市住宅建设投资状态分析

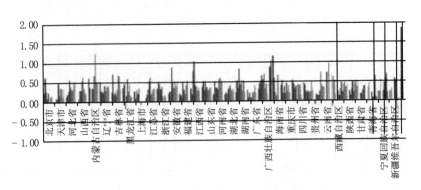

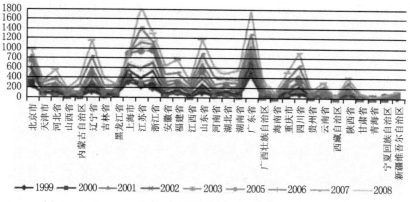

图 4-15 部分省市住宅投资增长率历年变化

第三节 我国城镇居民住房现状

　　由于经济发展水平、自然资源蕴藏量等不同，我国的城市房地产业具有一定的区域差异，不同的地区，具有不同的房地产投资、开发与销售特点。①

　　改革开放以来，我国城镇住房伴随着城镇土地使用制度和住房制度改革的不断深化呈现出了快速发展态势，尤其是1998年住房分配制度改革以来，城镇住房投资规模快速增长，住房供应量不断增加，城镇居民的住房状况得到了明显改善。虽然效果明显，但仍存在许多亟待完善的地方。

一、我国城镇居民住房的发展

1. 我国城镇居民住房发展过程及现状

　　新中国建立初期，我国城镇居民住房条件比较落后。1950年，

---

　　① 注：本节选取我国30个重要的大中型城市房地产业2000—2006年间的运行数据（来源于国家统计局公布的《中国房地产统计年鉴1999—2007》）进行分析，代表我国大中型城市整体，以下各节数据同此。

我国城镇住宅竣工面积仅有 219 万平方米。住房以平房为主，大部分不带厕所，不带厨房，不仅卫生条件落后，人均居住面积也较小。20 世纪 50—60 年代，随着我国社会主义建设的发展和城市人口的不断增加，国家逐渐加大城市住房的建设规模，大中城市的新房建设逐渐变为以多层砖混楼房为主。但由于当时我国的主要力量全部放在经济建设上，与人民息息相关的住房建设没有得到应有的重视，城镇居民住宅建设力度依旧不是很大。建成的住宅大部分为设施简陋、面积狭小的简易住宅，其中，有很大比例的住房为平房，或者没有厨房，或者室内没有自来水，一半以上住房没有厕所，普遍存在两户合住一套住宅的现象。改革开放前的 1978 年，城镇住宅竣工面积仅为 3752 万平方米，当年城镇人均居住面积仅有 3.6 平方米，人均住房建筑面积为 6.7 平方米。

党的十一届三中全会以后，国家改变了"生产第一，生活第二"的经济建设方针，注意加强与人民生活密切相关的非生产性建设，对包括城镇居民住房在内的民用设施投资的力度不断加大。1984 年，国家改变了房屋完全由政府投资建设的政策，允许建立城市综合开发公司，对城市土地、房屋进行综合开发，商品房开始成为解决城市居民住房的一个渠道。1998 年，国家对城镇居民住房制度进行了彻底的改革，福利分房被逐步取消，长期被压抑的居民住房消费需求迅速释放，房地产投资尤其是商品住宅投资快速增长，城镇居民住房建设得到了快速发展，新建筑材料、新工艺技术、新的设计理念等被应用到住宅设计和建设中，城镇居民住房质量得到快速提高，城市面貌变化巨大。新建住宅的工程质量、功能品质、环境条件明显提高。新建的住宅绝大部分都是生活设施齐全、各项配套设施完善的集合型住宅。居民住房水平有了明显提高，住房条件得到根本性改变。此外，为满足部分中高收入者和国外购房者的需要，还兴建了部分大户型住宅、高档公寓和别墅住宅。

1978 年至 2005 年，我国城镇居民住宅建设投资 80685 亿元，相当于 1950 至 1977 年 28 年间住宅建设投资总额的 245 倍，建成住宅面积 88 亿平方米，相当于前 28 年新建住宅面积的 18 倍。

据 2005 年全国 1% 人口抽样调查资料，到 2005 年年底，我国城镇居民人均住房建筑面积达到 28.4 平方米，家庭户均居住 2.7 间，其中 35.9% 的家庭户居住在平房里，64.1% 的家庭户住在楼房中，一半多的城镇居民居住在六层以下的楼房中。从城镇居民住宅建筑结构看，有 28.1% 的城镇家庭户居住在钢筋混凝土结构住宅里，42% 的城镇家庭户居住在混合结构住宅里，25.8% 的城镇家庭户居住在砖木结构住宅里，1.3% 的城镇家庭户居住在木、竹、草结构住宅里（如图 4-16 所示）。

从住房用途看，95.8% 的城镇家庭户将住宅用作生活用房，4.1% 的家庭户将住房兼作生产经营用房；从居住条件看，有 94.5% 的居民是独门独户，还有 5.5% 是合住户（舅图 4-17 所示）。

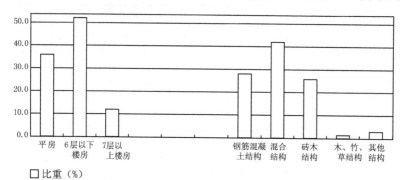

图 4-16　城镇居民住房建设层数和建筑结构情况（2005 年）

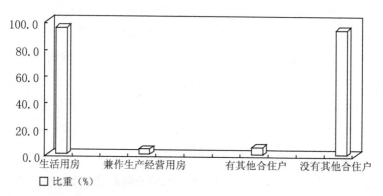

图 4-17　城镇居民住房用途和居住情况（2005 年）

　　从城镇居民住房建设时间看，28.1％的家庭居住在 20 世纪 80
年代建造的房屋中，39.4％的家庭居住在 20 世纪 90 年代建造的住
房中，19.0％的家庭户居住在本世纪新建的住宅中，仅有 13.6％的
家庭居住在 20 世纪 70 年代以前建造的房屋中，其中有些是属于国
家重点保护的有历史意义的住宅，如北京的四合院，一些城市有特
色的明清时代的建筑群和街道等等（见表 4-6）。

表 4-6　城镇居民家庭户按住房建成时间划分的住房状况

年　份	户　数		间　数		面　积	
	（户）	比重(%)	（间）	比重(%)	（平方米）	比重(%)
1949 年以前	57367	2.4	115072	1.7	2874891	1.4
1950—1959	35934	1.5	69542	1.0	1647793	0.8
1960—1969	55319	2.3	120881	1.8	2957246	1.4
1970—1979	181612	7.4	423080	6.3	10789027	5.2
1980—1989	685764	28.1	1813762	27.2	51364919	24.9
1990—1999	960041	39.4	2740318	41.1	88381803	42.8
2000—2005	463470	19.0	1383048	20.7	48533618	23.5
合　计	2439507	100.0	6665703	100.0	206549297	100.0

　　从城镇居民住房生活设施装备来看，2005 年年底，有 78.8％的
家庭户拥有饮用自来水，还有 21.2％的家庭户住宅中没有饮用自来
水；10.4％的家庭户没有厨房，87.2％的家庭户居住的住宅中有独
立厨房；近 6 成的家庭户住宅中拥有燃气作为炊事燃料，3％的家庭
户以电作为炊事燃料，22.5％的家庭户住宅仍以煤作为炊事燃料，
15.9％的家庭户使用柴草以及其他燃料做炊事燃料（如图 4-18 所示）。
　　从城镇居民家庭住房卫生条件看，到 2005 年年底，47.5％的城镇
家庭户住宅独立使用抽水式厕所，28.7％的城镇家庭户住宅独立使用其
他式样的厕所，6.7％的家庭户与其他家庭共用厕所，17.1％的城镇居

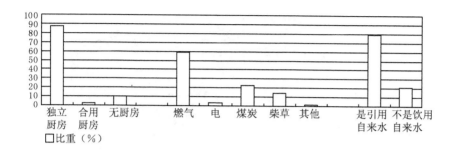

图 4-18　2005 年城镇居民住宅生活设施普及情况

民家庭户住宅内没有厕所。到 2005 年年底，42.6％的家庭户有自装热水器，只有 1.8％的家庭户有统一供热水，还有 46.5％的家庭户住房内没有洗澡设施。卫生条件仍有待改善和提高（如图4-19所示）。

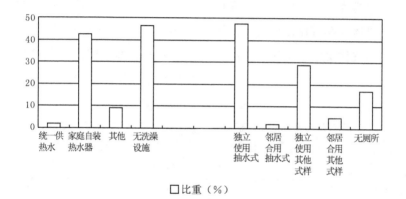

图 4-19　城镇居民家庭户住房卫生条件状况（2005 年）

从城镇居民住房来源看，到 2005 年年底，城镇居民有房家庭户的住房以自建住房和购买为主要来源。39.8％的家庭户住房为自建房，14.1％的家庭户购买商品房，5.7％的家庭户购买经济适用房居住，18.3％的家庭户购买原公有住房居住，17.7％的家庭户租房居住（如图 4-20 所示）。

其中：国家机关、党群组织、企业、事业单位负责人中，有 30.3％的家庭户居住在购买的商品房里；专业技术人员中，有 24.9％的家庭户居住在购买的商品房里，23.8％的家庭户住在购买的原公有住房里；办事人员和有关人员家庭户主要居住在购买商品

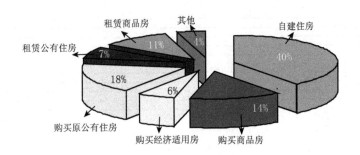

图 4-20 2005 年城镇居民住房来源情况

房和已购买的原公有住房中，比重分别为 25.0％、28.7％；商业、服务业人员家庭户则主要居住在自建住房和租赁商品房中，比例分别为 29.1％和 26.4％；城镇农、林、牧、渔、水利业生产人员住房以自建房为主，占该行业家庭户的 90.7％；生产、运输设备操作人员主要居住在自建住房里，比例为 36.0％，另有 19.6％的家庭户居住在租赁住房中；不便分类的其他从业人员家庭户居住在自建住房中的比例为 39.0％，23％居住在租赁住房中（见表 4-7）。

表 4-7 各类职业人员的住房来源

职　业	合　计	自建住房	购买商品房	购买经济适用房	购买原公有住房	租赁公有住房	租赁商品房	其 他
总　　计	1,637,672	695,778	238,041	89,293	221,454	94,860	225,589	72,658
国家机关、党群组织、企业、事业单位负责人	72,474	16,733	21,926	6,003	13,306	3,564	7,803	3,138
专业技术人员	202,840	38,777	50,553	21,137	48,239	16,466	15,080	12,587
办事人员和有关人员	154,400	24,440	38,580	15,720	44,308	11,101	10,242	10,010
商业、服务业人员	355,869	103,530	58,674	16,781	37,746	29,130	93,897	16,112
农、林、牧、渔、水利业生产人员	375,102	340,309	8,509	3,801	7,404	2,473	5,378	7,229
生产、运输设备操作人员及有关人员	469,516	169,077	58,851	25,351	69,555	31,618	92,003	23,061
不便分类的其他从业人员	7,471	2,912	948	500	896	508	1,186	521

　　从城镇居民住宅户主的职业看，国家机关、党群组织、企业、事业单位负责人户均住房面积最大，专业技术人员、办事人员和有关人员、农、林、牧、渔、水利业生产人员以及商业、服务业人员等职业家庭户户均住宅面积大小依次递减，生产、运输设备操作人员及有关人员家庭户户均住宅面积最小（如图 4-21 所示）。

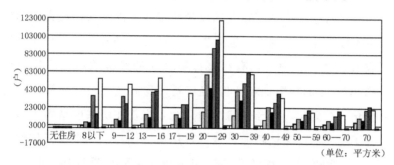

图 4-21　2005 年 1% 人口中住房人口抽样调查情况

2. 我国城镇住房体制改革变化情况

　　改革开放之后，随着我国经济体制从计划经济到社会主义市场经济体制的转变和不断完善，我国城镇住宅制度也发生了翻天覆地的变化，由国家福利分房到公有住房出售，由实物分房到货币分房，单位建房、实物分房的旧体制被打破，以单位所有为主体的住房产权格局已发生根本变化，住房投资和供应的社会化程度不断提高。为了在新时期满足各收入阶层居民的住房需求，在不断总结经验教训的基础上，国家确定了包括四个方面的新时期住房供应体系，即：面向高收入和较高收入居民的非普通商品住房，面向中等收入和中低收入居民的普通商品住房，面向低收入家庭的经济适用房和廉租住房；并明确了普通商品住房是城镇住房供应的主渠道。①

---

　　①　参见：2003 年国务院 18 号文件、2005 年国办 26 号文件、2006 年国办 37 号文件。

2006 年商品住宅投资占城镇住宅投资的比例达到八成多，住房二级市场已经全面开放，市场中介服务业务快速发展，统一的房地产市场体系基本建立，住房制度不断在改革摸索中得到完善。2006年之后，一个以商品住房、经济适用房、廉租住房、住房公积金制度为支撑的住房新制度逐步建立起来。

（1）经济适用房制度在我国城镇化脚步不断加快，城镇住房制度改革不断深化的基础上应运而生。1994 年国务院首次提出建立以中低收入家庭为对象、具有社会保障性质的经济适用住房供应体系。到 2006 年的短短 12 年间，经济适用房制度在引导城镇住房建设社会化、多元化，引导住房消费观念，完善住房供应结构等多方面发挥了重要的政策性功能。经济适用房建设步伐一直保持加快态势。1997—2006 年，我国经济适用房新开工面积累计达 43026.85 万平方米，1999—2006 年，经济适用房累计竣工 380 万套，为提高城镇居民住宅水平做出了贡献。

（2）廉租住房制度是我国目前解决最低收入家庭住房需求的最重要措施。为了解决住房商品化时期低收入家庭的住房问题，国务院在 1998 年提出建立廉租住房制度，到 2003 年，廉租房制度基本建立。2008 年全国有 30 个省（自治区、直辖市）全面启动了廉租住房制度，各地有计划、有步骤地扩大廉租住房制度覆盖范围，逐步把廉租住房制度保障范围扩大到住房困难的低收入家庭，为无经济能力改善居住条件的城镇居民家庭提供了有效的住房保障。

（3）住房公积金制度不断完善。住房公积金制度是我国政府从 1998 年开始强制性实行的住房资金储蓄制度，为我国城镇单位有稳定收入的居民贷款购买住房和装修改善住房居住条件提供了一定的保障。经过 10 年的发展，已建立一套比较成熟的住房储蓄制度，为在职职工购买和装修住房提供了一定的资金支持。

3. 市场化进程不断加快，房地产业成为国民经济支柱产业之一

我国在 20 世纪 90 年代后期全面推行住房商品化之后，房地产

业获得快速发展，房地产业的投资和增加值的规模逐年增加。2007
年，房地产业的投资达到 25289 亿元，占全社会固定资产投资的
18.4%；占城镇固定资产投资的 21.5%，占建筑业总产值的
49.5%；房地产业的增加值达到 11854 亿元，占国内生产总值
（GDP）的 4.8%，占第三产业增加值的 11.9%。房地产业是上下关
联度较高的产业，与其直接关联的上下游行业就有 50 多个，它的快
速发展促进了这些行业的快速发展，有力地推动了整个国民经济的
增长，已成为名副其实的支柱产业。

4. 消费已经成为城镇居民主导性的消费内容之一

从福利分房制度到住房商品化，随着住房体制改革，住房资源
得到了有效分配和利用，城镇居民的住房消费观念得到彻底改变。
城镇居民住房自有率、城镇私有住房占住房总量的比例越来越高。
目前，住房消费已经成为城镇居民主导性的消费内容之一。2006
年，个人购买商品住宅占商品住宅销售面积的 9 成多。1981 年，城
镇居民家庭平均每人全年住房消费（主要以房租形式）为 6.36 元，
占全部生活费支出的 1.39%；2006 年，城镇居民家庭平均每人全年
居住消费为 904.19 元，占全部生活费支出的 10.4%。

二、我国城镇居民住房投资与建设

1. 居民住房投资规模和住房供应量不断快速增长

1998 年住房分配制度改革取得重大突破后，房地产业迅猛发
展，我国城镇住宅投资规模不断扩大。1950 年我国城镇新建住宅投
资只有区区 1.25 亿元，1978 年城镇新建住宅投资达到 39.21 亿元，
占当年国民生产总值的 1.1%，2006 年城镇新建住宅投资规模已发
展到 16305.5 亿元，是 1950 年的 13045 倍（未扣除价格因素），占
当年国内生产总值的 7.7%。城镇新建住宅面积迅猛增长，由 1950
年的 219 万平方米，到 2006 年迅速发展到 63047 万平方米，是
1950 年的 288 倍。城镇新建住宅占各类房屋面积的比重也由 1950
年的 30%，提高到 2006 年的 52%（如图 4-22 所示）。

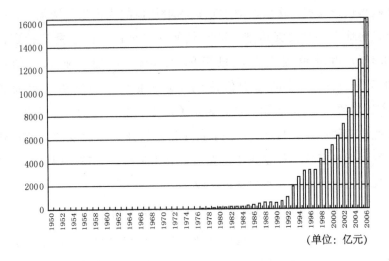

（单位：亿元）

图 4-22　1950—2006 年城镇新建住宅投资

从投资规模看，1950 年以来，我国城镇居民住宅建设投资大体上经历了三个阶段。

第一阶段是 1950—1977 年，这一时期每年新建城镇住宅投资一直在 30 亿元以下，1950—1972 年每年新建城镇住宅投资不足 20 亿元，1973—1977 年超过 20 亿元，最高达到 1977 年的 26.3 亿元，1950—1977 年累计新建住宅投资总额只有 330 亿元，年均增长速度为 13.8%。相应地，这一时期，新建住宅面积也不多。1978 年以前，每年新建住宅面积在 2000 万平方米左右。从 1950—1977 年，全国累计竣工城镇住宅面积为 4.9 亿平方米，住宅面积占同期新增房屋面积的比重仅有 32.2%，城镇居民住宅建设发展比较缓慢，城镇居民住房条件变化不大。1977 年，城镇人均住宅建筑面积仅有 7 平方米左右，同期许多文学作品用"蜗居"一词形象地描述了当时城镇居民的居住情况。

第二阶段是 1979—1997 年。国家开始加大住房投资力度，并积极探索解决住房问题，城镇居民住房条件迅速得到改善。1980 年每年新建住宅面积跃升并突破 1 亿平方米大关，达到 10591 万平方米。这一时期，除去 1989、1990 和 1997 年三个年度投资规模略有回落外，城镇居民住宅建设投资基本上保持了每年平稳快速增长的趋势，其中，1985 年投资增速达到 51.2%，1992 年投资增速达到 58.2%，1993 年投资增速高达 87.9%。1978—1997 年，累计新建住宅投资总额 19917 亿元，是前 29 年的 60 倍，年均增长 28.2%；累计新建住宅面积 42.6 亿平方米，是前 29 年前的 8.6 倍，住宅面积占同期新增房屋面积的比重达到 60.1%，城镇人均住宅建筑面积稳步快速增长，到 1997 年已达到 17.8 平方米，乔迁新居成为许多城市的新景象，乔迁之喜弥漫在许多城镇居民的心头。

　　第三阶段是 1998—2006 年。城镇居民住房条件得到较大改善从 1998 年住房改革开始的。这一阶段，公有住房出售、货币化分房等一系列住房新政不断出台，住房投资实现了社会化、多元化，住房消费的市场化脚步加快，推动了城镇住宅建设的快速发展。这一时期城镇新建住宅投资保持了比较稳定的快速增长，除 2000 年外，年增速基本保持在 15%～28% 之间，每年新建住宅面积保持在 4.7—6.6 亿平方米左右，投资增长的稳定性好于前两个阶段。2004 年，城镇新建住宅投资规模超过 1 万亿元大关，2006 年城镇新建住宅投资达到 16306 亿元。1998—2006 年，城镇新建住宅累计投资 77074 亿元，是 1978—1997 年的 3.9 倍，累计新建住宅面积 51.7 亿平方米，是 1978—1997 年的 1.2 倍，住宅面积占同期新增房屋面积的比重达 61.4%（如图 4-23 所示）。城镇人均住宅建筑面积稳步快速增长，离小康住宅标准仅一步之遥。

　　从 1950 年到 2006 年，我国城镇人口从 6169 万增长到 57706 万，增长了 8.35 倍，城镇人均住宅建筑面积从 7.2 平方米增长到 27 平方米，增长了 2.75 倍，1987 年，我国城市实有住宅建筑面积仅为 15.8 亿平方米。2006 年末，城市实有住宅建筑面积达到 112.9 亿平方米。新中国成立以来，在城镇人口急剧增长的同时，城镇居民的住宅条件也得到了根本性的改善。建设部提供的统计数字显示，到 2006 年年底，城镇居民住房成套率达到 80% 以上。

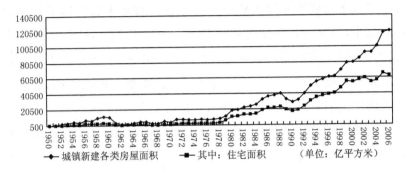

图 4-23　新中国成立以来城镇新建住宅情况

2. 居民住房投资与建设主体日益社会化，多元化

1978 年以前，我国经济体制是以社会主义公有制为主的计划经济体制，城镇居民住房投资和建设的主体基本一致，是以全民所有制和劳动群众集体所有制单位为主，个人为辅。改革开放以后，随着外资的进入，城镇居民住房投资和建设的主体开始多元化，包括外商和港澳台商在内的国有、集体、股份合作、集体联营、私营独资、私营合伙、合资经营等多种形式的投资主体进入城镇居民住房建设市场。2006 年，全国有内资房地产企业 53268 个，占全部房地产企业的 90.7%，港澳台商房地产企业为 3519 个，占全部房地产企业的 6.0%，外商投资企业 1923 个，占全部房地产企业的 3.3%。在内资企业中，民营企业与国有及国有控股和集体及集体控股企业基本平分秋色。

3. 居民住房供给机制发生巨变，商品住房供给成为主渠道，
   城镇居民购买住宅资金来源多样化

随着我国社会经济体制的改革变化，我国城镇居民住房供给制度自新中国成立以来发生了巨大变化。20 世纪 80 年代初，我国的城镇住房制度改革通过住房商品属性问题的讨论，明确了住房是商品，必须按商品经济规律来组织生产经营、流通、分配和消费。90 年代初，实现住房市场化的指导思想进一步被明确，城镇居民住宅由原有的以单位、集体实物分配为主渠道转变为以商品住宅为城镇居民住房供给的主渠道。1998 年货币分房以后，在

全国城镇新建的各类商品房屋面积中，商品住宅逐渐占据了半壁江山，比重维持在52%～70%之间，56%的城镇家庭居住在购买或租赁的住宅中。

与此同时，城镇居民购买住房的资金来源日趋市场化，多元化。由90年代住房货币化改革伊始的居民以工资储蓄为主转变为个人住房贷款以及住房公积金贷款等多渠道的资金来源，居民购买住房资金来源得到一定程度的拓宽，也在一定程度上促进了商品房市场的繁荣。中国在2001年年底加入WTO之后，随着金融体制改革的推进，城镇居民住房消费的个人住房贷款品种也不断增加，还款方式、偿还期限、贷款利率、首付率搭配日益灵活，住房消费信贷规模快速发展。城镇居民住房开发投资资金来源也逐渐多样化，由最早的完全是城镇国有单位和集体单位的资金、预算内资金为主转变为以自筹资金和国内贷款为主，外资、预算内资金及债券、购房定金及预收款以及个人按揭贷款等资金来源共同成为投资资金来源。

4. 房地产开发快速发展

1998年我国城镇住房制度改革以后，货币化分房极大地促进了住房市场化的发展，房地产企业如雨后春笋般蓬勃发展和壮大，房地产开发快速发展。

第四节　我国城镇住宅建设及政策调控发展中存在的问题

由于我国城镇居民住房长期以来实行实物分房制度，房地产市场化改革时间不长，因此尽管房地产市场化进程不断加快，但整个房地产市场还不是十分成熟。主要表存在以下几个方面的问题。

一、城镇居民住宅建设增长仍落后于经济和社会发展

相对于我国国民经济和社会的快速发展，城镇居民住宅建设增长速度仍显落后，人均住宅建筑面积增长速度大部分时间落后于经济增长速度和居民收入增长速度。1978 年至 2007 年，我国城镇新建住宅建筑面积平均每年增长 12.8%，2008 年受政策影响下降至 10%。住宅建设速度低加上城镇人口的快速增长导致同一时期城镇居民人均住宅建筑面积每年平均仅增长 5.4%。从 1979 年开始到 2006 年，除 1981 年、1986 年和 2002 年三年外，我国城镇居民人均住宅建筑面积增长速度在其余 25 年中一直低于国民生产总值的增长速度；[①] 1990 年以来，除 1996 和 1997 年外，我国城镇居民人均住宅建筑面积增长速度低于居民人均可支配收入增长速度（如图4-24所示）。

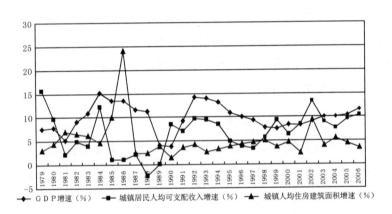

图 4-24　城镇人均住房建筑面积与经济增长速度以及居民收入增速比较

数据来源：《我国城镇住房中长期发展目标及实现措施研究》课题，2008 年 12 月。

二、城镇居民住宅供给结构仍需加大改善力度

近几年来，我国城镇住宅供给表现为中小户型、中低价位普通商品住房和经济适用住房供应不足，高端住宅供给比例较大的状

---

① 注：城镇人均住宅建筑面积由住房和城乡建设部提供，2007、2008 年数据暂缺。

况。2008 年，以中低收入阶层为主要需求对象的经济适用房投资
971 亿元，占房地产开发企业当年完成投资的 3.1%。经济适用房竣
工面积占全部住宅的比重仅为 4.3%，别墅、高档公寓竣工面积占
全部住宅的比重达到 6.5%。据对北京、上海、天津、西安、武汉、
杭州等部分城市房屋销售情况调查，2006 年销售的新建商品住宅
中，120 平方米/套以上的住房都在 40% 以上，最高的超过 60%，
中小套型住宅比例偏低。2006 年以前，90 平方米以下套型供应量
占比不足 20%。在提出 90/70 的要求后，总体情况落实较好，但远
未达到要求的 70%。2005 年，房地产开发企业开发竣工的住宅套型
平均建筑面积为 119 平方米，2006 年为 114 平方米，住房套型规模
偏大。这一问题凸显出政府引导合理住房建设和消费的政策措施
不够。

从投资规模看，2008 年，全国城镇完成住宅投资 31203.2 亿元，
其中别墅、高档公寓完成投资 2032.3 亿元，占住宅完成投资的
9.1%，经济适用房完成投资 970.9 亿元，占住宅完成投资的 4.3%。

三、城镇居民住宅价格涨幅过快，房价偏高

近几年，随着城镇居民巨大的住宅需求的释放，以及以各种境
内外炒房团为代表的投资性和投机性需求的比例过快上升，政府在
抑制炒房行为等方面缺乏强有力的控制手段的情况下，房价涨幅过
快，节节攀高。在 2004—2007 年，全国新建住宅销售价格年涨幅都
超过 6%，2004 年达到 18.7%，远远超过当年 GDP 增长 10.1% 的
速度，并超过了当年城镇居民人均可支配收入 11.21% 的增速（见
表 4-8）。2005 年，新建住宅销售价格年涨幅又达到 12.6%，依然接
近当年 GDP 增长 10.4% 的速度，2006 年暂时下降到 6.4%，2007
年则上升到 16%（如图 4-25 所示）。房价长期高于普通城镇居民的
支付能力，严重抑制了真正有住房需求的普通百姓的改善住房水平
的步伐。

表 4-8　商品住宅价格、GDP 及城镇居民可支配收入增长状况

年　份	GDP 增速 (%)	城镇居民人均 可支配收入增速（%）	新建住宅平均 销售价格涨幅（%）
1998	7.83	5.13	0.10
1999	7.62	7.91	0.16
2000	8.43	7.28	4.90
2001	8.30	9.23	3.54
2002	9.08	12.29	3.72
2003	10.03	9.99	5.02
2004	10.09	11.21	18.71
2005	10.43	11.37	12.61
2006	11.60	12.07	6.21
2007	13.00	17.23	16.86
2008	9.00	14.47	−1.90

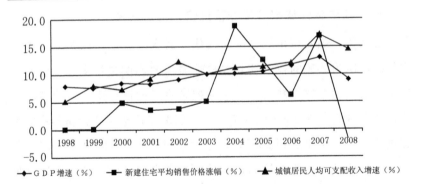

图 4-25　商品住宅价格与 GDP 及城镇居民可支配收入增长比较

数据来源：根据国家发改委中宏数据库基础数据整理得出。

四、城镇住宅空置问题突出

住房供应结构不合理，房价居高不下等一系列原因造成商品住宅空置问题日渐突出。2006 年末，全国房地产开发企业商品住

宅空置面积为 8099 万平方米，而户型在 100 平方米以上的商品住宅空置面积占重点房地产开发企业住宅空置面积的比重超过七成（如图 4-26 所示），档次高、面积大的住宅，空置面积是商品住宅空置的主体。

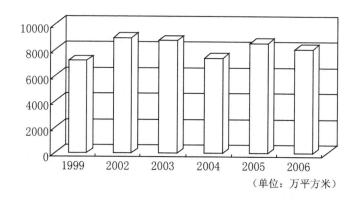

（单位：万平方米）

图 4-26 近几年我国住宅空置情况

数据来源：《我国城镇住房中长期发展目标及实现措施研究》课题，2008年 12 月。

五、城镇居民住房开发及销售过度依赖银行

城镇居民住房开发与金融行业关系密切，具体体现在以下几个方面：一是住宅开发企业建房需要银行贷款。国家统计局房地产开发统计数据显示，近几年来，用于房地产开发的资金来源中有 20%左右直接来自银行贷款；二是买房人以按揭方式从银行得到贷款，这部分占开发资金的比重在 13% 左右；三是各级地方政府以土地出让、抵押等方式从银行得到的贷款。根据近年来地方政府大搞房地产开发的热情推算，这部分贷款的比重不小。

2008 年，我国房地产企业开发资金来源中，国内贷款占房地产业开发资金来源的 19.2%，在其他资金来源中个人按揭贷款占房地产业开发资金来源的 9.7%，二者相加占全部资金来源的近三成。正如央行报告所说，1998 年以来金融对房地产业的支持表现为从投资和消费两个方面的支持，而对个人信贷的支持则成为房地产市场

发展的强大动力。但过度以银行为主体的比较单一的融资体制，在以城镇商品住宅为主的商品房价格过快上涨，更加凸显了银行的隐性风险在加大。

六、城镇居民住宅建设市场信息不完全

根据第 2 章市场失灵理论中不完全信息领域的介绍以及政府失灵理论的有关内容，住宅开发领域既存在市场信息不完全的现象，住宅开发政府调控又存在腐败的可能，因此需要市场信息公开、政府信息公开。城镇住宅建设的市场信息公开和政府信息公开，分别起着引导市场发展和规范市场交易、规范政府行为的作用，是调控城镇住宅建设的重要手段。由于我国房地产市场发展历史短暂，房地产市场信息管理工作不完善，城镇住宅建设信息公开还存在很多不足，难以发挥应有的作用。

虽然我国已初步建立房地产市场信息系统，各地政府网站上对有关的信息也已有大量披露，但还存在不少问题。

1. 缺乏统一的住宅开发信息公开系统

目前，全国主要城市已经建立了专门的房地产市场信息系统，但缺乏专门的、市场信息公开与政府信息统一、协调的信息公开系统。从对全国 40 个重点城市的房地产市场信息系统调查看，即使系统建设比较完善、全面的北京、上海等城市，也缺乏城镇住宅建设政府管理信息公开系统，或者即使系统设计了与城镇住宅建设有关的信息指标，其内容也存在缺失，更别提系统建设的好坏。

2. 信息公开的形式不规范

由于缺乏专门的政府信息公开系统，有类似作用的只是城镇住宅建设过程中与政府政策、政府行政审批公示有关的信息。如土地招、拍、挂公示信息、项目规划公示信息、项目审批备案核准的公示信息。但是由于信息标准不统一，政府各部门各自为政，相应的信息系统自成一体，部门系统之间不联不通，缺乏有效整合，政府各个部门都形成了一个个信息孤岛。隔断了部门内业务上的内在联

系，致使丰富的信息资源难以得到共享。同时，城镇住宅建设管理信息发布在各种政府部门的网站上，信息用户需要到处去搜索才可能了解到需要的信息，增加了搜寻的成本。此外，这些信息一般通过政府相应机构网站公示，一段时间公示后一些相关的信息就被删除，信息消失后无处查询和了解，信息公开的效果不佳，难以发挥政府信息公开的作用。

3. 信息公开的内容不全面

原则上讲，即使没有专门的城镇住宅建设政府调控信息公开系统，公示发布的信息持续时间短，政府公开发布的城镇住宅建设管理信息内容，有关的规划信息、计划信息、审批信息等在一定时间内还是可以搜寻到的。但是，由政府控制与政府行为规范有关项目的管制信息、项目的条件变更信息等城市政府信息公开的内容往往不全面，难以满足城镇住宅建设及管理规范化的需要。

第五节　我国住宅产业发展预测

一、城镇住宅建设需求发展因素分析

在研究住宅市场时，人们常常使用两种方法计量住宅，一种是住宅单位（Housing Units），另一种是住宅服务（Housing Services）。简单地说，住宅单位市场就是居住单元的供给和需求。居住单元可以是任何形式的住宅，如公寓、花园洋房、联排别墅、别墅等等。换句话讲，考察住宅单位市场时，不同住宅单位的差异性将被忽略不计。研究住宅服务市场则不同，住宅单位的差异性是其研究的重要内容。住宅服务被定义为住宅消费的质与量的总和。住宅服务包括了住宅单位的大小、特点、以及所处周边环境的状况等。

很显然，相对于住宅服务，住宅单位更便于测量。另外，对于刻画和把握我国住宅市场的平均状况而言，住宅单位市场的研究也更具意义。因此，我们将通过对我国住宅单位市场的研究，分析判断近十年（2010—2020年）我国城镇住宅投资需求及实际投资预测。

住房支付能力和家庭数量变动是影响一国住宅需求的主要因素。在一般情况下，住房支付能力提高和家庭数量增加都会带来住宅需求的增加。

在其他条件不变的情况下，住宅需求能用家庭户数来测算，净家庭形成量的增长率表明了全部住宅需求的变化。由于一定时期的人口年龄结构与净家庭形成量密切相关，因此，人口的年龄构成对房地产市场的运行有重要意义。在这里，首先估算"十五"时期，城镇居民户数的变动情况；其次，考察我国人口出生率状况，并以"十五"时期为参照，预计"十一五"时期的人口出生率及其对家庭数量变动的影响；再次，与城市化进程、住房投资相联系，考察户数变动及住房投资需求。

1. 2000—2008年的家庭户数变动情况

第五次全国人口普查数据显示，2000年我国总人口为126,583万人，户均人口为3.44人。由此可知，2000年我国共有36,797万户。根据国家统计局公布的数据，2008年末我国总人口为132,802万人，2008年全国人口变动情况抽样调查样本数据显示，2008年我国户均人口为3.16人，由此推算出2008年我国共有家庭为42,026万个，比2000年增加了5,229万户，年均增加654万户。忽略城乡户均人口差异，根据国家统计局公布的城乡人口数以及人口普查和抽样调查获得的户均人口数据可知，2000年城镇和乡村户数分别为13,345和23,499万户，2008年分别为19,198和22,828万户，2001—2008年，城镇户数增加5,853万户，乡村户数减少671万户，城镇户数年均增加732万户。从上可见，2001—2008年，城镇户年均增加数在800万户左右。

2. "十五"以来的城市化进程

2000 年，我国城镇人口占总人口的比重是 36.22%，经过"十五"时期的发展，到 2005 年，上升至 42.99%，提高了 6.77 个百分点，年均提高 1.35 个百分点，城镇化率的年均增速为 3.49%。

根据《国民经济和社会发展第十一个五年规划纲要》（以下简称《纲要》）提出的人口和城镇化率的预期性指标，到 2010 年城镇人口占总人口的 47%，较"十五"期末上升 4 个百分点。从"十一五"前两年的发展看，2007 年的人口增长率为 5.17‰，2008 年人口增长率为 5.08‰。按此趋势，到 2010 年的人口增长率有可能下降为 4.9‰，届时全国总人口为 134，120 万人，如果城镇化率达到 47%，届时城镇人口将达到 63，036 万人。从"十一五"以来的情况看，2007 和 2008 年，城镇人口占总人口的比重分别是 44.9% 和 45.68%（见表 4-9），分别比上年上升 1 和 0.78 个百分点，增速分别是 2.28% 和 2.17%，年均增速 2.2%。按《纲要》的规划，2008—2010 年我国城镇人口上升的比例只有 2.1 个百分点。如果按前两年的发展速度，到 2010 年的城镇人口占总人口的比例要达到 48% 左右，达到 64，377 万人。随着家庭生活习惯的改变，我国城镇家庭的平均人口数一直在缓慢下降，到 2010 年，户均人口可能下降为 3 人，如果城镇化率为 47%，我国城镇家庭户数为 21，012 万户；如果城镇化率为 48%，则为 21，459 万户，中值数为 21，236 万户，比 2008 年增加 2038 万户，平均每年增加 510 万户。

表 4-9　我国城镇人口总数及其占总人口的比重

年　份	总人口 （年末，万人）	城镇人口数 （万人）	比重（%）
2000	126743	45906	36.22
2001	127627	48064	37.66
2002	128453	50212	39.09

续　表

年　份	总人口 （年末，万人）	城镇人口数 （万人）	比重（%）
2003	129227	52376	40.53
2004	129988	54283	41.76
2005	130756	56212	42.99
2006	131448	57706	43.90
2007	132129	59379	44.90
2008	132802	60667	45.68

数据来源：《中国统计年鉴》（2009）。

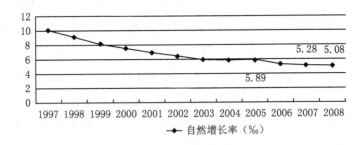

图 4-27　我国人口自然增长率变动状况

二、"十一五"和到 2020 年我国住宅建设需求预测

1. "十一五"时期的城镇住宅投资需求

（1）"十一五"时期年均新建住宅面积

按照美国的经验数据，每年新建住宅单位量在人口的 1‰～2‰ 之间变动。以美国的经验推算，我国"十一五"时期新建住宅套数的变动区间是 3000 万～6000 万套之间，年均在 600 万～1200 万套之间（见表 4-10）。根据国家规定，新建住宅中普通商品住宅所占比例为 60% 以上，经济适用住房等保障型住宅比例占到 15%～20%；新建普通住宅（含经济适用住房）每套建筑面积一般为：保障型住宅面积在

40～60 平方米，经济型住宅面积在 60～80 平方米，舒适型住宅面积在 80～100 平方米，平均每套住宅的面积大约为 80 平方米。按此计算，年均新建住宅面积变动范围在 4.6 亿～10.3 亿平方米之间。

表 4-10　对"十一五"新建住宅套数的估计

年　份	城镇人口 （万人）	新建住宅套数（万套）	
		按城镇人口的 2%	按城镇人口的 1%
2006	57706	1154	577
2007	59379	1188	594
2008	60667	1213	607
2009	62667	1253	627
2010	64416	1288	644

数据来源：根据《中国统计年鉴》（2009）推算得出。

根据国家统计局公布的数据，2008 年我国城镇户均人口为 2.91 人，[①] 城镇人均住宅建筑面积为 28.5 平方米，[②] 由此推算，城镇户均住宅建筑面积约为 83 平方米。那么，2008 年城镇新建住宅 607 万～1213 万套就相当于新建住宅 5.04 亿～10.07 亿平方米。国家统计局公布的数据显示，2008 年我国城镇新建住宅 7.60 亿平方米，实际运行结果落在了预测变动区间，其他年份的情况基本相似。

（2）"十一五"时期竣工住宅建筑面积需要 59 亿平方米

改革开放以来，在城镇人口不断增加的同时，人均住房面积不断扩大。"十五"时期，我国城镇新建住宅面积总计为 29.53 亿平方米，年均 5.91 亿平方米；城市人均住宅建筑面积由"九五"期末的

---

　　① 见国家统计局编《中国统计摘要》（2009），中国主要年份城镇居民家庭基本情况统计（1990—2008）

　　② 这个数据是按 2006 年的数据估算的，国家统计局没有公布 2007 年以后的城镇人均住房建筑面积数据。

20.3 平方米增加到"十五"期末的 26.1 平方米，[1] 年均增速为 5.84%，全国城镇住房面积的保有量应该是 146.68 亿平方米。[2]

根据"十一五发展规划"，到 2010 年，我国城镇居民人均住房建筑面积将达到 30 平方米。按前面的预测，按城镇化率 48% 计算，我国的城镇人口到 2010 年将达到 6.44 亿人，需要住房 193.20 亿平方米。"十一五"期间要增加住房建筑面积 46.52 亿平方米；按城镇化率 47% 计算，我国的城镇人口到 2010 年将达到 6.30 亿人，需要增加住房建筑面积 42.32 亿平方米；按两者的中值数计算，2010 年的人口为 6.37 亿人，住宅面积应该有 191.10 平方米，比 2005 年增加 44.42 亿平方米。如果原有旧住宅每年按 2% 的比例拆迁重建，5 年合计 10%，总面积为 14.67 亿平方米。按城市化率 47.5% 计算，"十一五"时期就需要新建住宅 59.09 亿平方米，平均每年 11.82 亿平方米，比"十五"时期平均每年高出 103.0%，即"十一五"期间需要增加的住宅面积要超出"十五"时期 1 倍。2006、2007 和 2008 年城镇分别竣工住宅 6.30、6.88 和 7.60 亿平方米，后 2 年还需要竣工 38.31 亿平方米，平均每年竣工 19.16 亿平方米。

2006 和 2007 年房地产开发住宅竣工分别为 5.58 和 6.06 亿平方米，分别占城镇住宅面积 88.6% 和 91.7%，表明我国城镇住宅的建设主要是依靠房地产业的商品房建设提供。如果按商品住宅建设面积占城镇住宅面积的 90% 推算，5 年中城镇需要竣工商品住宅 53.18 亿平方米，平均每年需要建设 10.63 亿平方米。为满足需要，后三年还需要房地产开发商建造住宅 41.54 亿平方米。根据国家现在规定商品房户建设每套 90 平方米以下占 70%，经济适用房和廉租房所占比例和每套面积的限制政策，今后几年城镇新建住房的每套平均面积大约为 80 平方米，3 年需要建住宅 5773 万套；平均每

---

[1] 国家统计局编《中国统计摘要》(2008)。
[2] 根据建设部《2005 年城镇房屋概况统计公报》，2005 年城镇住宅面积为 107.69 亿平方米。但根据《中国城镇居民"房情"大盘点》测算，到 2006 年年底，全国城镇住宅建筑总面积在 100.65 亿平方米左右。

年建 15.39 亿平方米，1924 万套；超出表 4-6 所列的范围。其中房地产开发住宅所占比重按 90％计算，平均每年要建 13.85 亿平方米，1731 万套。房地产商需要完成的建设数量还是相当大的，从目前的情况看，很难完成。

（3）"十一五"时期我国住宅投资预测

根据国家统计局公布的数据，2007 年的城镇住宅投资规模为 21238.3 亿元，其中房地产开发住宅投资规模为 18010.3 亿元，占城镇投资的 84.8％，2008 年城镇住宅投资规模为 26516 亿元，其中房地产开发住宅投资为 22440.9 亿元，占城镇住宅投资的 85％，比例上升了 0.2 个百分点。

2008 年是"十一五"规划期的第三年，受国内外经济变化等多种因素影响，国民经济增长速度较上年同期下降，房地产市场状况也较上年发生明显变化，主要变化是：房地产开发住宅投资依然保持了较快的增长速度，但已低于 2007 年的增速；由于住宅市场销售不增反降和房地产开发企业出现建设资金紧缺，城镇住宅竣工面积增速较上年显著下降。由于国家在 10 月份出台了一系列的促进经济增长和投资增长的措施，2008 年第四季度的投资增长止跌回稳，使全年的城镇住宅投资和房地产业住宅投资数量分别达到 2.65 和 2.24 万亿元，分别增长 24.85％、24.63％。当年的投资价格指数为 8.9％，根据国家统计局公布的数据推算，2008 年住宅房地产开发完成投资额的实际增速达到 22.62％。

2009 年的城镇住宅投资与经济发展形势一样，实现了增速逐季上升的局面，全年实现的增长可能在 20％左右，达到 3.24 万亿元；2010 年的情况要好一些，住宅投资增速可能达到 25％左右，达到 4.05 万亿元。按上述分析推算，"十一五"时期的城镇住宅投资达到 13.8 万亿元，比"十五"时期增长 200.3％；其中房地产住宅投资 11.74 万亿元，增长 227.0％（见表 4-11），快于城镇住宅投资的增长，是因为其占城镇住宅投资的比重在"十一五"期间继续扩大。

表 4-11 对"十一五"时期我国城镇住宅投资的预测

年　份	住宅投资 （亿元）	住宅房地产投资 （亿元）	住宅投资比上年 增长（%）
2006	1.63	1.36	27
2007	2.13	1.80	30
2008	2.75	2.32	29
2009	3.24	2.78	20
2010	4.05	3.48	25
"十一五"合计	13.80	11.74	—
比"十五"增长（%）	200.3	227.0	—

2. 我国到 2020 年的房地产需求预测

我国全面小康社会居住的总体目标是：到 2020 年，居住数量与质量全面提高，彻底解决建筑质量通病，居住区规划布局合理、文化特色突出，配套设施齐全、现代，居住条件舒适、方便、安全，居住区内外环境清洁、优美、安静，住区服务质量优异，社区公共服务便利，实现以人为本、充分满足发展需要的小康居住目标。

根据建设部政策研究中心的《全面建设小康社会居住目标》，到 2020 年，城镇人均住宅建筑面积达到 35 平方米、居住条件要得到全面提升，实现以人为本的发展目标。

根据前面的测算，到 2010 年我国的城镇人口按城镇化率 48% 计算，将达到 6.44 亿人左右，比 2005 年的 5.62 亿人增加 8200 万人，平均每年增加 1640 万人；如果按城镇化率 47% 计算，将达到 6.30 亿人左右，比 2005 年的 5.62 亿人增加 6800 万人，平均每年增加 1360 万人；两者的平均数为每年 1500 万人，按此计算，预计 2010 年的城镇人口在 6.37 亿人左右；预计到 2015 年，我国城镇人口将达到 7.05 亿～7.19 亿人，中值数为 7.12 亿人。以中值数为计算基数，按到 2015 年平均每人 33 平方米建筑面积推算，城镇住房建筑面积总量要达到 234.96 亿平方米；到 2020 年，全国的城镇人口约为 7.9 亿，按照住房全面小康"人均 35 平方米"的目标，届时全国城镇居民住房的建筑面积总量应为 276.50 亿平方米。

　　根据城镇人口和人均住宅建筑面积推算，到 2005 年年底，全国城镇住宅建筑面积 146.68 亿平方米，以此为计算基数，到 2010 年全国城镇居民住房建筑面积总量为 191.10 亿平方米；到 2015 年全国城镇的居民住房建筑面积总量为 234.96 亿平方米，在"十二五"期间要新建 45.86 亿平方米；到 2020 年要实现全面小康的住房目标需要，城镇的居民住房建筑面积总量为 276.50 亿平方米，"十三五"时期全国城镇净增加的居民住房建筑面积总量为 42.54 亿平方米。我国城市居民生活水平的提高在住房这一层面上也有体现，前十年主要是居住面积的增加，而在后十年则体现在居住品质的提高，住房拆迁重建的比例会有所增加。假设 2006—2010 年，2005 年原有旧住宅每年按 2% 比例拆迁重建，2011—2020 年每年按 2005 年 3% 比例拆迁重建，"十二五"时期全国城镇居民住房拆迁重建建筑总面积为 22.00 亿平方米，"十三五"时期全国城镇居民住房拆迁重建建筑总面积也为 22.00 亿平方米（见表 4-12）。

表 4-12　全面建设小康社会时期城镇住房投资需求预测（亿平方米）

序　号	指　标	年　份	数据测算
1	城镇住房建筑面积需求量	2005 年	146.68
		2010 年	191.10
		2015 年	234.96
		2020 年	276.50
2	城镇住房建筑面积净增加需求量	2006—2010 年	44.42
		2011—2015 年	43.86
		2016—2020 年	41.54

序　号	指　　标	年　份	数据测算
3	城镇住房拆迁重建建筑面积数量	2006—2010 年	14.67
		2011—2015 年	22.00
		2016—2020 年	22.00
4	城镇住房建设总需求量	2006—2010 年	59.09
		2011—2015 年	65.86
		2016—2020 年	63.54

　　从以上的分析和预测可以看出，从目前到我国全面建成小康社会，在城镇住宅建设方面我们还有许多建设任务和工作需要完成，为了保证顺利实现小康社会所要求达到的城镇住房目标，必须建立规范的建设秩序，这需要政府建立有效的政策调控系统。

第五章 我国城镇住宅建设调控政策体系

第一节 我国城镇住宅建设调控政策的变迁过程

改革开放之后，伴随着我国经济体制由计划经济向市场经济的转变，我国城镇住宅制度改革也从 1978 年的理论突破与试点开始发生了巨大变化，由住房实物福利分配到优惠出售公有住宅，由住房实物分配到住房货币化，城镇住房分配制度的旧体制被打破，住房供应和投资的市场化、社会化程度不断提高。

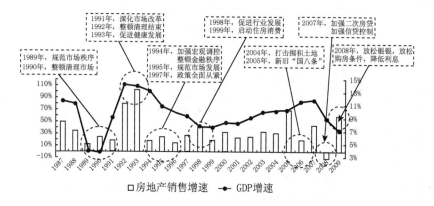

图 5-1 我国住宅建设的宏观调控历史

从 1978 年至今，我国城镇住宅分配制度的变革以及政府对住宅建设宏观调控的发展历程可分为四个阶段：房地产业改革的试点起步阶段（1978—1991 年）、房地产业发展初期的调整阶段（1992—1997 年）、住房制度改革后的稳定持续发展阶段（1998—2002 年）、房地产业加速发展中的政治博弈阶段（2003 年至今）。目前，学术界对前两个阶段的划分标准基本一致，但对 1998 年后的阶段划分存有争议，本书以房地产业在国民经济中的地位和发挥作用的根本性变化为依据，将 2002 年作为我国房地产业宏观调控政策变迁过程中的分水岭，对这四个阶段的详细阐述如下：

一、房地产业发展的起步阶段（1978—1991 年）

我国关于房地产业的理论突破的标志是 1978 年提出了土地产权与住房商品化等观点。从时间序列来看，相继出台的政策、法规见表 5-1：

表 5-1　我国房地产市场发展起步阶段的政策回顾

时　间	事　件	影　响
1980 年 9 月	• 北京市住房统建办公室率先挂牌，成立了北京市城市开发总公司	拉开了房地产综合开发的序幕
1982 年	• 国务院在四个城市进行售房试点	
1984 年	• 《政府工作报告》提出："城市住宅建设，要进一步推行商品化试点，开展房地产经营业务"； • 广东、重庆开始征收土地使用费	
1987 年 11 月 26 日	• 深圳市政府首次公开招标出让住房用地	进入了我国房地产市场的起步阶段
1988 年 4 月	• 第七届全国人民代表大会第一次会议修改了《宪法》有关条款，规定：国有土地使用权和集体土地使用权可以依照法律的规定转让	

续　表

时　间	事　件	影　响
1988 年 12 月	• 《土地管理法》进行了修改，出台了相应的政策条例，国有土地使用权出让工作在全国城镇开始由点到面展开	进入了我国房地产市场的起步阶段
1989 年年初	• 针对规范房地产市场行为出台了《关于加强房地产市场管理的通知》	
1990 年	• 上海市房改方案出台，开始建立住房公积金制度	
1991 年	• 国务院先后批复了 24 个省市的房改总体方案	

1. 调控措施

为激活我国城镇住房市场，促进房地产业的发展，这个阶段宏观调控的主要目的是打破 1978 年前计划经济体制对土地和居民住房的高度约束，缓解实物分房和住宅低租金给国家财政带来的负担，引导城镇居民住宅消费支出的结构合理化，进而增加对建筑业、房地产的有效需求，为后期住宅产业的发展打下基础。为实现调控目标，我国政府采取了以行政手段为主，经济手段与法律手段为辅的调控政策。

（1）行政手段：《政府工作报告》规定允许个人买房建房，逐渐推行城镇住房商品化；理清了地价、土地极差和地租等问题的思路，颁布指导性纲领文件实现了国有土地有偿转让和使用；制定规范房地产发展的政策文件；出台全国主要省市房改总体方案。

（2）经济手段：试点征收土地使用费；上海建立住房公积金。

（3）法律手段：修改和完善《宪法》和《土地管理法》有关条款条例。

2. 效果分析

这个阶段，我国房地产发展有一个比较明显的起伏。从统计数据看，1987、1988 年有一个较大的增长点，然后从 89 年增速急速回落，这个低谷一直持续到 1991 年[①]。影响这个周期的主要原因是：1984 年国家出台政策促进发展房地产业，制定城建综合开发暂行办法，推行住房商品化试点工作，1985 年我国国有企业进行独立核算，这个政策引发了房地产业迅速投资扩张，所以在 1987、1988 年房地产业出现了一个高速增长的现象。此外，1988 年《宪法》及《土地管理法》有关条款、条例的修改和完善开创了国有和集体土地使用权的依法律转让，使得土地使用权转让工作在我国城镇由点到面展开，这两个文件业为城镇住房市场的复苏和发展拉开了闸门。但是进入 1989 年年初，出现了非常严重的通货膨胀，这时国家为了规范房地产市场行为、整顿市场秩序出台了《关于加强房地产市场管理的通知，压缩固定资产规模、紧缩银根，此后直到 1992 年春天中国宏观经济进入了第一个萧条阶段，同期房地产业的发展也受到了严重的压抑。

从房地产起步阶段发展变化看，我国政策调控的主要目的在于激活房地产市场，因此主要采取了激励政策，欠缺对此后迅速发展的规范性法律法规，这为下一阶段房地产发展初期的非理性炒作埋下了隐患。

二、房地产业发展初期的调整阶段（1992—1997 年）

1992 年，邓小平的南方谈话和党的十四大做出的关于建设社会主义市场经济体制的重大决策加快了我国住房和社会保障制度的改革，此后随着我国社会主义市场经济理论的建立，出台的一系列利好消息和政策带动了我国宏观经济的加快发展，房地产业迅速成为国民经济热点产业，进入了高速发展时期。各地开发区设立数量逐渐增多，全国房地产开发公司数量由 300 家增至近万家，房地产交易极其活跃，1992 年房地产全国投资完成额 732 亿元，同比增长117.4%，1993 年投资额在 1992 年基础上增长了一倍，月投资增幅

---

① http://fs.house.sina.com.cn/2009-12-02/1139175.html

最高达 146.9%。[①]

　　至此，房地产发展进入了非理性炒作阶段：房屋、钢材、水泥价格的一路飞涨；投资规模急速扩张；用于房地产开发的土地供给失控；房地产市场炒作、投机行为猖獗；部分城市的高中档楼宇（如别墅、办公楼、酒店）出现了供大于求的迹象，市场秩序混乱。这个阶段，政府根据房地产发展态势对政策调控的目的与手段进行了相应的调整，见表 5-2。

表 5-2　房地产发展初期调控政策回顾

时　　间	事　　件	影　　响
1991 年	• 房改政策开始在全国范围内全面推行，房地产市场建设全面起步	房地产发展进入了非理性的阶段
1992 年	• 中央政府鼓励引进外资，同时放开房地产价格扩大了市场调控范围；鼓励消费贷款	
1993 年	• 终止房地产公司上市，控制银行资金进入房地产，规定一律不准对房地产开发项目发放贷款，收回已经发放的贷款； • 6 月 24 日，中共中央、国务院印发《关于当前经济情况和加强宏观调控的意见》；提出了整顿金融秩序，加强宏观调控的 16 条政策措施，引导过热经济实现软着陆； • 中央建设管理部门控制用于房地产开发的土地出让，停止高档楼宇的建设立项，规范市场行为； • 12 月 13 日，国务院发布了《中华人民共和国土地增值税暂行条例》，决定自 1994 年 1 月 1 日起在全国开征土地增值税	国家开始对房地产市场进行大规模清理和整顿

---

　　① 吴婕：《当前中国房地产市场宏观调控研究》，成都西南财经大学 2006 年硕士论文。

续　表

时　间	事　件	影　响
1994 年	• 出台《国务院关于深化城镇住房制度改革的决定》； • 调高存款利率，年利息达到 14%	调整投资结构、整顿金融秩序，从而调控和规范房地产市场行为
1995—1997 年	• 颁布了《房地产管理法》、《增值税法》； • 开始实施安居工程； • 推行公积金制度； • 实施从紧的货币政策和财政政策	

1. 调控措施

为了调控"房地产热"，规范市场秩序并协调房地产供应结构，这阶段采取了一系列经济、行政和法律措施：

(1) 经济手段：实行双紧的财政与货币政策，即减少财政支出、严控房地产业贷款、提前收贷、大幅调高银行存款利率；

(2) 行政手段：房改政策出台并全面推行；管控用于房地产开发的土地出让；停止高档楼宇建设的项目立项；

(3) 法律手段：出台《房地产管理法》与《增值税法》，规范市场行为。

2. 效果分析

这次对城镇住房市场的宏观调控是通过控制房地产投资规模，压缩住房投资需求，以平衡城镇住房市场总需求和总供给。在抑制房价过热、协调供求关系、调整供求结构、整顿开发企业和市场秩序方面取得了一定效果，使得当年我国全社会固定资产投资增速分别从 1992 年和 1993 年的 44.4%、61.8% 回落到 8.9%，房地产开发投资增速同比负增长 1.2%，GDP 增长率下降到 8.8%。

在宏观调控取得效果的同时，由于缺乏经验，还存在着以下问题：第一，调控目的和指导思想存在偏差。由于没有充分认识到房地产在我国国民经济中的地位和作用，在指导思想和政策执行上存在偏见，过分干预了房地产的市场建设和发展。第二，经济与法律手段配合不协调。与土地相关的法律法规体系不健全，相比经济的快速发展法律建设严重滞后，因此在土地产权不完备的情况下，仍然违规建设大量楼宇，为后续房地产投资规模快速扩张地区的银行系统收回投资埋下了严重隐患，当时的广西北海和海南地区楼市情况仍历历在目。第三，经济手段缺乏灵活性。一是货币政策的"一刀切"，缺乏差别化实施，紧缩银根、控制向房地产项目发放贷款、提前收贷在对房地产降温的同时，由于忽视住房建设项目不同阶段对资金需求的实际情况，实行"一刀切"，造成了一些被动和混乱；二是经济调控手段的运用缺乏经验，严格控制资金流向使得货币政策实施力度过于"紧缩"，导致房地产市场资金短缺，导致广东珠三角地区、深圳和海南房地产市场资金链条断裂，房地产企业破产，最终广东地区银行系统资金严重亏空并至此蔓延至全国各级银行系统，不具备土地产权的大量烂尾楼使得银行在资金亏空后不能依法获得账面资产。

因此，从 1994 年开始到 1997 年，我国房地产行业的增长都非常缓慢。

三、住房制度改革后的高速发展阶段（1998—2003 年 6 月）

经过上一轮住房市场的调控，城镇住房市场的总需求和总供给基本保持了平衡，但 1997 年受东南亚金融危机的影响，我国出口锐减，紧缩的经济一片疲软，更加抑制了我国房地产的投资和需求。为促进经济增长，应对通货紧缩，政府通过发展住房产业来拉动国民经济增长，开始实行扩张性政策推动我国房地产行业发展，增加城镇住房供给，刺激居民住房消费。自此，房地产业在国民经济中的地位日益凸显，见表 5-3。

表 5-3　住房产业高速发展阶段的政策回顾

时　间	事　件	影　响
1997 年	• 北戴河会议提出把居民住宅业列为国民经济新增长点	使得有效需求短期内爆发，并大幅快速上涨，前一阶段积压的存量房被迅速消化
1998 年	• 发布《城市房地产开发经营管理条例》和《关于进一步深化城镇住房制度改革加快住房建设的通知》，取消了福利分房，建立住房分配货币化、住房供给商品化、住房体制社会化	
1999 年	• 发布了《住房公积金管理条例》以降低职工的贷款利率； • 鼓励个人购房，减免个人所得税和交易营业税； • 充分开放了住房二级市场； • 人民银行公布了《住宅担保贷款管理试行办法》，并 7 次降低利率，降低了开发企业的融资成本和居民购房成本，大大提高了民众支付能力； • 土地资源部颁布条例，对土地市场进行管理，提高土地的开发效率	金融政策和税收政策又创造出巨大的有效需求，至此房地产业进入高速增长期，2003 年到达高峰，并逐渐暴露出了房价过高、结构不合理的问题，导致严重的社会矛盾
2003 年 6 月	• 出台 121 号文件：加强房地产信贷，四证取得后才能发放贷款，提高第二套住房的首付比例。	调控房地产市场投资过热

1. 调控政策

这个阶段主要使用了行政手段和经济手段。

（1）行政手段：推进公有住房分配制度改革，培育和规范住房交易市场，推动存量住房进入市场，促进增量市场的发展；同时调整住房投资结构，重点发展经济适用住房，建立以经济适用住房为主的住房供应体系，满足大量中低收入群众的住房需求。

（2）经济手段：发展住房金融，创造住宅需求，包括：为鼓励住宅消费，推行住房公积金抵押贷款，同时扩大实施商业银行的住房抵押贷款，降低贷款利率，延长还款年限；住房交易环节，减免税金以降低购房者负担；免收空置两年商品住宅的营业税；居民出售自住二手公房购买新房，只需交纳契税的差额部分；普遍降低新购住房契税；部分城市实行购买住房款项可以抵扣个人所得税税基的政策。

2. 效果分析

本轮房地产市场宏观调控紧密结合活跃住房市场，通过住房分配制度的改革，实行住房分配货币化取代实行了几十年的住房实物分配，增加了住房供应和促进了房屋中介服务及房地产行业协会等方面的快速发展，并带动了金融等相关产业以及国民经济的发展。同时住房制度的改革，激发了住房市场活力，推进了住房商品化、市场化，使得城镇住房产业在 1997—2002 年的 7 年间快速增长：全国房地产开发投资年均增长 19.5％。房地产开发投资增长直接和间接拉动 GDP 增长每年保持在 2 个百分点左右，其中城镇住宅房地产开发投资占城镇固定资产投资的比重由 8％提高到 14.7％。[①] 城镇住房建设在国民经济中的地位和作用逐渐凸显，房地产业成为国民经济中的支柱产业。

此次调整途径采取供需联动，金融、税收与信贷政策紧密配合，通过公共投资计划刺激了经济增长，房地产市场宏观调控又一次取得了成功的实践，但也存在一些偏差：（1）没有充分认识到住房产业仅仅是房地产市场的一个重要构成，片面强调了城镇住房产业对国民经济的拉动作用。忽视了房地产产业的整体概念，以至于在整体上缺乏提高房地产业在国民经济中地位和作用的工作力度，在城镇住宅房地产开发投资持续增长的同时房地产业整体增加值的提高还不尽理想，为今后房地产业的失衡发展埋下伏笔；（2）房地产对国家和地方经济的拉动作用，使得地方政府将政绩与其挂钩，出现了粗放式的土地开发使用，我国耕地面积迅速减少，失地农民等弱势群体的利益受到了损害，对社会的和谐和稳定产生了消极影响。

---

① 数据来源：本书第四章，表 4-1.

四、房地产业加速发展中的政治博弈阶段（2003 年 8 月 12 日至今）

2003 年 6 月至 8 月，为了调整住房供应结构，平稳快速增长的房价，我国政府出台了一系列政策。2003 年 8 月 12 日，国务院颁布了由建设部起草的《关于促进房地产市场持续健康发展的通知》（18 号文），这份与 121 号文件的出发点有较大差异的文件被称为"指导当前和今后一段时期我国房地产市场发展的纲领性文件"。在 18 号文件中，基于一个全新的判断房地产业被定性为"促进消费，扩大内需，拉动投资增长，保持国民经济持续快速健康发展"，"已经成为国民经济的支柱产业"。重要的是 18 号文将"住房供应主体"由经济适用房修改成了"具有保障性质的政策性商品住房"。由此，经济适用房在各大中城镇供给规模趋于压缩，供给数量相比商品房严重不足，住宅房地产开发基本上成了城镇房地产供给的主要渠道，至此，城镇住房供给结构出现失衡，房价一路高歌猛进。

从 2004 年开始至今，国家陆续出台政策调整房地产发展，下节将对近期颁布的调控政策进行具体的实践分析。

第二节　近期我国城镇住宅建设调控政策的实践分析

针对近年出现的商品房价格过快上涨、房地产市场秩序混乱、住房供应结构失衡、部分地区房地产投资规模过大等问题，国务院、建设部、国土资源部、监察部、央行、财政部、税务部、地方政府等各相关部门都出台了相应的政策，整顿房地产行业市场，促进其健康发展。

1. 涉及城镇住房调控的主要政策

2004 年以来，调控政策涉及的市场划分越来越细。这一时期，房地产暴露的问题最多、调控的时间最长、出台的调控政策最频繁、采取的调控措施更全面，有关部门从行政、土地、税收、信贷、住房结构和房地产市场交易秩序等方面全方位对城镇住房市场进行了深入调控，见表 5-4 至表 5-7[①]。

（1）行政政策

表 5-4　行政政策工具的历史回顾及分析

时　间	颁发单位	政策内容	目的或影响
2002 年 8 月 26 日	建设部等六部委	《关于加强房地产市场宏观调控促进房地产市场健康发展的若干意见》	
2005 年 3—4 月	国务院办公厅	《关于切实稳定住房价格的通知》《加强房地产市场引导和调控的八条措施》	要求各地政府重视房价上涨过快这一现象，随后制定具体措施，直指房价涨幅过快。
2005 年 5 月 13 日	国务院转发七部委	《关于做好稳定住房价格工作的意见》	强调了经济适用住房以及城镇廉租住房制度的建设，这是从源头上加大普通住房的供给面积

---

① 资料来源：各政府部门网站，搜房网地产沙龙。

时　间	颁发单位	政　策　内　容	目　的　或　影　响
2005 年 5 月 17 日	国务院办公厅	《促进房地产业健康发展的措施》（简称"国六条"），政策要点：重点发展中低价位、中小型普通商品住房、经济适用住房和廉租住房；严格执行住房开发、销售有关政策，完善住房转让环节税收政策，有区别地适度调整转让环节税收政策，有区别地适度调整信贷政策，引导和调节住房需求；合理控制城市房屋拆迁规模和进度，减缓被动性住房需求过快增长；加强房地产开发建设过程监管，制止擅自变更项目、违规交易、囤积房源和哄抬房价行为；规范发展经济适用住房，积极发展住房二级市场和租赁市场，有步骤地解决低收入家庭的住房困难；增强房地产市场信息透明度，全面、及时、准确地发布市场供求信息，坚持正确的舆论导向	首先，奠定了 2006 年宏观调控的一个基调，也是后来各项政策出台的一个纲领性文件；其次，对当前房产市场的供需结构矛盾进行调解，一方面增加中低价位、中小套型的房产有效供给，另一方面也从房产需求角度进行了有效的抑制，比如减缓城市拆迁的被动性住房需求、利用完善的"税收杠杆"以及差异化的金融信贷政策挤出部分投资或投机需求，从而增加有效供给和抑制有效需求来进行"双向"调节；第三，进一步明确了房产的梯级消费模式，同时确立应该积极发挥住房二级市场和租赁市场的宏观调控机制对于整个房地产市场健康发展的重要性
2006 年 5 月 28 日	建设部等九部委	《关于调整住房供应结构稳定住房价格的意见》即 9 部委"十五条"。在套型面积、小户型所占比率、新房首付款等方面作出了量化规定，提出 90 平方米以下建筑面积的住宅要占开发面积 70%的规定	使得房价继续快速上涨缺少了支撑条件，房地产开发商难以通过涨价来保持以往的房地产开发利润率。
2006 年 7 月 11 日	建设部等五部委	《关于规范房地产市场外资准入和管理的意见》，被称为"外资限炒令"	加强对外商投资企业房地产开发经营、境外机构和个人购房的管理

续　表

时　间	颁发单位	政策内容	目的或影响
2007 年 3 月 16 日	全国人民代表大会第五次会议	通过了《中华人民共和国物权法》，自 2007 年 10 月 1 日起施行物权法作为确认	是财产、利用财产和保护财产的基本法律，对于法律体系的完善、经济的发展都具有重要的意义
2007 年 6 月	商务部、国家外汇管理局	《关于进一步加强、规范外商直接投资房地产业审批和监管的通知》	要求各地商务主管部门严格控制外商投资高档房地产；并严格控制以返程投资方式并购或投资境内房地产企业
2007 年 8 月 13 日	国务院办公厅	《国务院关于解决城市低收入家庭住房困难的若干意见》	把解决城市低收入家庭住房困难作为住房制度改革的重要内容，作为政府公共服务的一项重要职责。对各地建立健全城市廉租住房制度，提出具体时间表，并且明确了政府财政的支持力度
2007 年 11 月	建设部国家发改委	出台《廉租住房保障办法》和《经济适用住房管理办法》	可依法购买经济适用房及享受廉租房。随着明后两年大批保障性住房的入市，这些政策也将迎来最终政策验收
2008 年 2 月 28 日	建设部	《关于做好住房建设规划与住房建设年度计划制定工作的指导意见》	重申，新批商品住房建设面积必须按 70、90 的规定执行
2008 年 3 月 5 日		两会政府工作报告：两会中温家宝的政府工作报告中与房地产相关的是"抓紧建立住房保障体系"	
2008 年 3 月 11 日		成立"住房和城乡建设部"	这一部门的设立意味着两点：第一点是住房保障；第二点是协调城乡一体化

续　表

时　间	颁发单位	政　策　内　容	目　的　或　影　响
2008年4月8日	住房和城乡建设部	全面排查住房公积金违规放贷	公积金违规放贷的现象,使得购房者不能享受到本该享受的公积金贷款低利率,不利于多层次住房保障体系的建立,使这一部分实实在在的自住需求被压抑,变相加大了未来房地产价格上涨的压力
2008年7月1日	住房和城乡建设部	《房屋登记办法》出台	房屋登记簿将取代房产证,成为房屋归属的最终证明。房产证将不再是房屋归属的唯一证明,将会对权利人的特权进行更好地保护。
2008年11月13日	住房和城乡建设部	住房和城乡建设部落实国务院决策,部署五方面工作:一、加大廉租住房和经济适用住房建设规模;二、加快市政基础设施和公用设施建设;三、积极配合有关部门做好林区棚房区、农垦危旧房和农村危房改造及重点流域水污染防治工作;四、加快推进建筑节能工作;五、稳定房地产市场和规范市场秩序	进一步保障房地产市场健康稳定发展,借机推动以往计划已久而久未实施的政策措施,特别是保障性用房和公用设施建设
2009年6月2日	住房与城乡建设部,国家发展和改革委员会,财政部	《2009—2010年廉租住房保障规划》,争取解决747万个低收入家庭的住房问题。进一步健全实物配租和租赁补贴相结合的廉租住房制度,并以此为重点加快城市住房保障体系建设,完善相关的土地、财税和信贷支持政策	住房政策注重住房保障和市场化发展相结合的体制

续　表

时　间	颁发单位	政策内容	目的或影响
2009 年 12 月 14 日	国务院常务会议	研究完善促进房地产市场健康发展的政策措施，提出了四条意见，简称"国四条"	
2010 年 1 月 7 日	国务院办公厅	《国务院办公厅关于促进房地产市场平稳健康发展的通知》：要求政府增加保障性住房和普通商品住房有效供给，抵制投资投机性购房需求，并强调二套房贷首付不得低于 40％	在出台营业税不足 5 年将全额征收、"国四条"以及开发商拿地首付不低于 50％等法规后，国务院发出的第四道令箭。此前的几大调控政策多数是国务院定调，然后是各大部委出台相关细则，地方政府能否配合还不好说。而国务院办公厅这次是直接向地方政府下发通知，地方政府将会积极研究出台调控政策
2010 年 1 月 10 日	国务院办公厅	各地要结合本地区房地产市场情况，认真落实差别化的土地、金融、税收等政策，抓紧清理和纠正地方出台的越权减税以及其他与中央调控要求不相符合的规定	清理和纠正地方出台的越权减免税以及其他与中央调控要求不相符合的规定
2010 年 3 月 18 日	国资委	78 家不以房地产为主业的央企将退出房地产业务，但国资委并没有透露具体的退出安排和和时间表。国资委监管的央企共有 127 家，涉足房地产业务的央企达 74％	据不完全统计，去年以来六成的地王由央企竞得，并导致一线城市重点地段价格翻番房价上涨。在中央严控信贷进入楼市的环境下，央企却频频偏离主业进军房地产，央企退出楼市或仍难遏制地王的一再出现

（2）土地政策

表 5-5　土地政策工具的历史回顾及分析①

时　间	颁发单位	政　策　内　容	目　的　或　影　响
2004 年 3 月 30 日	国土资源部监察部	《关于继续开展经营性土地使用权招标拍卖挂牌出让情况执行监察工作的通知》（即 71 号令），在 2004 年 8 月 31 日前将历史遗留问题处理完毕	土地出让制度转变为"招拍挂"，彻底封死了土地协议出让的口子
2006 年 4 月 9 日	国土资源部国家工商总局	《国有土地使用权出让合同补充协议》，规定出让土地竣工时间、投资总额、单位面积投资强度、空地容积率、建筑系数等合同条件及违约责任	旨在防止出让之后的土地囤积、炒卖，通过土地开发强度调整房地产开发结构
2006 年 8 月 1 日	国土资源部	《招标拍卖挂牌出让国有土地使用权规范》和《协议出让国有土地使用权规范》正式施行	细化"招拍挂"或协议出让国有土地使用的范围，建立土地出让协调决策机构和价格争议裁决机制
2007 年 10 月 10 日	国土资源部	发布《招标拍卖挂牌出让国有建设用地使用权规定》（39 号令），土地受让方未缴清全部土地出让价款，不得向其发放国有建设用地使用权证书	直指土地开发市场的囤积土地问题，敦促开发商加快手中土地的开发，加大楼市供应量，对平抑楼价有着较大的作用

———

① 业内人士的看法是：保留的 16 家央企，2009 年其房地产板块资产总额占全部央企房地产板块资产总额 85%；净利润占全部央企房地产净利润 94%；地王的创造者除了央企还有国企，央企不拿天价地不等于国企不拿。资料来源：各政府部门网站，房策天下（地产思想库）http://www.fdc100.com/forum-13-1.html.

续　表

时　间	颁发单位	政策内容	目的或影响
2008 年 1 月 3 日	国土资源部	《土地登记办法》	《土地登记办法》的出台，标志着我国土地产权制度建设的一次重大进步。《物权法》、《土地管理法》等一系列土地法律法规的接连实施，迫切要求对我国土地权利的主体进行界定，以有效保护土地权利人的合法权益。根据《土地登记办法》，完成土地登记后，每块土地都将发放由国务院国土资源行政主管部门统一监制的土地权利证书，即土地"身份证"
2008 年 1 月 9 日	国务院办公厅	《关于严格执行有关农村集体建设用地法律和政策的通知》政策要点：（1）严格执行土地用途管制制度；（2）严格规范使用农民集体所有土地进行建设；（3）严格控制农村集体建设用地规模；（4）严格禁止和严肃查处"以租代征"转用农用地的违法违规行为；（5）严格土地执法监管	强调地方政府需加大对土地用途的监管力度，遏止部分二、三线城市无序用地的情况；预测政策趋势是：符合消费、设计等规划的小产权房交纳了土地使用费、各项税金下可取得产权证，不符合要求的将不能取得产权证；强调了"以租代征"的非法性，对这一现象将起到明显的遏止作用
2008 年 2 月 14 日	国务院办公厅	《土地调查条例》。土地调查的内容包括土地利用现状及变化情况	
2008 年 5 月 29 日	国土资源部	《违反土地管理规定行为处分办法》	国家对土地管理力度逐步加大
2008 年 6 月 1 日	国土资源部、国家工商行政管理总局	《国有建设用地出让合同》示范文本，属于商品住宅项目的，原则上开发时间最长不得超过 3 年	有较强现实意义，如规定的开发周期对开发商捂地现象给予一定约束，将导致开发商拿地更为谨慎

续　表

时　间	颁发单位	政　策　内　容	目　的　或　影　响
2009 年 4 月 24 日	住房和城乡建设部、监察部	治理房地产领域违规变更规划、调整容积率问题专项工作	
2009 年 5 月 15 日	国土资源部	《关于切实落实保障性安居工程用地的通知》，要求各地要加快编制、修编 2010 至 2011 年和今年保障性土地供应计划	
2009 年 8 月 21 日	国土资源部	《关于严格建设用地管理促进批而未用土地利用的通知》	将严厉打击囤地行为
2009 年 12 月 17 日	财政部、国土资源部、央行、监察部等五部委	《关于进一步加强土地出让收支管理的通知》，拿地首付不低于 50%	
2010 年 3 月 10 日	国土资源部	《关于加强房地产用地供应和监管有关问题的通知》，包含 19 条内容，主要有：明确规定开发商竞买保证金最少两成，拿地后 10 天内必须签合同；建立用地开竣工申报制；保障房用地不低于 70%；1 月内未付清地价 50%，囤地开发商将被"冻结"……	
2010 年 3 月 22 日	国土资源部	2010 年住房和保障性住房用地供应计划没有编制公布前，各地不得出让住房用地；将在房价上涨过快的城市开展完善土地出让制度试点；要明确并适当增加土地供应量；房价上涨过快城市，要严控向大套型住房建设供地	通过保障土地供应，差别化的土地政策，避免人为地制造土地稀缺的恐慌

（3）税收政策

表 5-6　税收政策工具的历史回顾及分析

时　间	颁发单位	政　策　内　容	目 的 或 影 响
2005 年 5 月 11 日	国务院办公厅	转发建设部等七部门《关于做好稳定住房价格工作的意见》。其中明确规定，自 6 月 1 日起，国家对个人购买住房转让售房时将视具体情况征收全额或部分营业税	抵制短期内哄抬房价、扰乱市场正常秩序的炒房行为。"持币待购"成气候，市场交易量急剧下降。随即各地细则纷纷出台，房地产过热态势得到相当程序的缓解
2006 年 1 月 1 日	国家税务局	《国家税务总局关于房地产开发业务征收企业所得税问题的通知》，规定将原预售收入的预计营业利润率修改为预订计税毛利率，将房地产项目预售收入税率提高 5%；房地产开发企业不得享受新办企业的税收优惠	旨在通过细化税收政策调控房地产市场
2006 年 5 月 31 日	国家税务总局	《关于加强住房营业税征收管理有关问题的通知》（国税发 74 号文件），规定 2006 年 6 月 1 日后，不足 5 年住房对外销售全额征收营业税。购买超过 5 年（含 5 年）的普通住房销售，地方税务部门审核有关材料办理免征营业税的手续	一定程度上抑制了投机和投资性购房需求
2006 年 7 月 26 日	国家税务总局	《关于住房转让所得征收个人所得部分有关问题的通知》（108 号文），8 月 1 日起，各地税局将在全国范围内统计并强制性征收二手房转让个人所得税	释放了严格二手房交易个人所得税征管的强烈信号

时　间	颁发单位	政　策　内　容	目　的　或　影　响
2007 年 1 月 16 日	国家税务总局	《关于房地产开发企业土地增值税清算管理有关问题的通知》，土地增值税执行四级超率累进税率，即土地增值税要视增值率的大小，采取分面计算应纳土地增值税税额的方式。对增值额超过扣除项目金额200％的，分别适用30％、40％、50％和60％的税率，不再全部按60％的税率计征	按照新的计税办法，项目开发的速度越慢、土地囤积的时间越长，企业就会支付更多的税款，有效打击了房地产企业囤积土地的势头
2008 年 4 月 16 日	国家税务总局	《关于房地产开发企业所得税预缴问题的通知》，对省级地区的住宅（非经济适用房）的预售收入，按照预计利润率不低于20％的标准预缴企业所得税，开发产品完工、结算计税成本后按照实际利润再行调整	由原来的非经济适用房不低于15％调高到20％，经济适用房维持3％，这条政策不是新政，但对房地产上市公司现金流产生一定压力，总的税收负担并没有加大，对房地产企业影响有限
2008 年 10 月 22 日	财政部、国家税务总局	降低住房交易税率	此次调整对近期持币观望的购房者刺激最大，有利于恢复市场的交易量
2009 年 5 月 25 日	国家发改委	《关于2009年深化经济体制改革工作的意见》，提出今年将由财政部、税务总局、发改委、建设部负责研究开征物业税	
2009 年 12 月 9 日	国务院常务会议	研究完善促进消费的若干政策措施，将个人住房转让营业税征收免时限由2年恢复到5年，遏制炒房现象	
2009 年 12 月 23 日	财政部和国家税务总局	《关于调整个人住房转让营业税政策的通知》	这是落实12月9日国务院常务会议相关政策，普通住宅交易享受到税收优惠

（4）金融及信贷政策

表 5-7　金融及信贷政策工具的历史回顾及分析

时　间	颁发单位	政策内容	目的或影响
2004 年 4 月 11 日	中国人民银行	要求从 2004 年 4 月 25 日起，资本充足率低于一定水平的金融机构，将执行 8%的存款准备金率；国有独资、股份制商业银行、外资等金融机构将执行 7.5%的存款准备金率	目的是限制商业银行的信贷盲目扩张，首要目的是调控房地产业
2005 年 3 月 17 日	中国人民银行	取消 5 年以上住房商业贷款优惠利率，贷款利率下限由原来的 5.31%提高到 5.51%，并放开了贷款利率上限；住房公积金贷款利率上调 0.18%；对房价上涨过快地区，个人住房贷款最低首付款比例可由现行的 20%提高到 30%	全面提高了所有购房者的供房负担，提高购房门槛；打击了市场上部分潜在购房者对房价的乐观预期，对需求将产生明显的抑制作用
2005 年 7 月 21 日	中国人民银行	《中国人民银行关于完善人民币汇率形成机制改革的公告》，美元对人民币交易价格调整为 1 美元兑 8.11 元人民币。根据对汇率合理均衡水平的测算，人民币对美元即日升值 2%	使此前扑朔迷离的中国楼市的未来更加复杂化，使全球化背景下的中国金融改革和未来房地产发展方向和趋势更加不明朗
2006 年 4 月 28 日	中国人民银行	全面上调各档次贷款利率 0.27 个百分点，其中，5 年期以上的银行房贷基准利率由 6.12%上调至 6.39%；上调金融机构贷款基准利率，一年期贷款基准利率上调 0.27 个百分点	主要是为了抵制了投资需求，进一步稳定房地产价格

时　间	颁发单位	政　策　内　容	目 的 或 影 响
2007 年 3—12 月	中国人民银行	连续六次提高存贷款利率，基准利率调整至 7.83%，利率下限调整至 6.66%，个人住房公积金存款基准利率调整至 5.22%，储蓄存款利息所得个人所得税的适用税率由现行的 20% 调减为 5%	一轮接一轮的宏观调控将让银行抽身上岸，也令大批的"地产股"成为新时尚
2007 年 9 月 27 日	中国人民银行 银监会	对贷款购买住房、又申请购买第二套（含）以上住房的，贷款首付款比例不得低于 40%，贷款利率不得低于同期同档次基准利率的 1.1 倍	是否能令"投资大鳄"知难而退，是否会导致"自住买家"畏难不前，利弊尚在争论之中
2008 年 2 月 4 日	中国人民银行	《经济适用住房开发贷款管理办法》政策要点：房地产企业开发经济适用房（1）贷款利率可以下浮 10% 以内；（2）建设项目资本金不低于总投资的 30%，比 35% 有所降低；（3）贷款期限一般为 3~5 年，延长还款期限	针对经济适用房开发房地产企业的优惠贷款政策体现了政府对于建立多层次住房保障体系的政策导向。房地产企业为中高收入者提供商品住房，政府引导解决中低收入者的住房需求
2008 年 3 月 20 日	证监会	证监会支持优质房地产企业上市	获得充裕资金的房地产公司开始在全国大面积买地，土地价格被过度拉高，间接提高房价，其他一些未上市的大房地产公司无法与之竞争，于是纷纷谋求尽快上市获得资金来进行土地市场的竞争

续　表

时　间	颁发单位	政　策　内　容	目　的　或　影　响
2008 年 6 月 15 日	中国人民 银行	央行上调存款类金融机构人民币存款准备金率：1月 25 日由 14.5％调至15％；3 月 25 日由 15％调至 15.5％；4 月 25 日由15.5％调至 16％；5 月 20日上调 0.5％调至 16.5％；6 月 15 日和 25 日分别上调 0.5％调至 17.5％	加大了房地产企业获得贷款的难度，其影响作用比较隐性
2008 年 8 月 27 日	中国人民银 行、中国银监会	《关于金融促进节约集约用地的通知》对国土资源部门认定的建设用地闲置两年以上房地产项目，禁止发放贷款或以此类项目建设用地作为抵押物的各类贷款（包括资产保全业务）	这一条款是宏观调控以来对囤地开发商所实行的最严厉措施
2008 年 8 月 27 日	中国人民银行和中国银监会	监管部门重申：不得向小产权房发贷款	使得房地产企业融资的门槛越来越高；银行继续收缩房贷资金
2008 年 9 月 16 日	中国人民银行	下调一年期人民币贷款基准利率 0.27 个百分点；存款基准利率保持不变。个人住房公积金贷款利率也相应下调	这标志着持续 5 年之久的加息周期结束，也预示着经济在经历了高增长之后，驶入慢车道；央行下调贷款利息，使得房贷者还款压力减轻，提升了购房者的入市信心，但降息额度小，影响相当有限
2008 年 10 月 9 日	中国人民银行	存贷款利率分别下调0.27％；对储蓄存款利息所得暂免征收个人所得税	降低企业用资成本，促进投资，18 城市救市
2008 年 10 月 22 日	中国人民银行	商贷下调至 0.7 倍，首付款比例降至 20％	对近期持币观望的购房者刺激最大，有利于恢复市场的交易量

时　间	颁发单位	政　策　内　容	目 的 或 影 响
2008 年 11 月 27 日	中国人民银行	下调存贷款基准利率 1.08 个基点，并降准备金率	
2009 年 1 月 3 日	四大国有银行	2008 年 10 月 27 日前执行基准利率 0.85 倍优惠、无不良信用记录的优质客户，原则上可以申请七折优惠利率。2 月 10 日继农行出台房贷细则后，其他银行对购房者可享受住房贷款七折优惠利率的实施细则相继出台	为楼市回暖蓄积了政策基础
2009 年 5 月 27 日	国务院办公厅	《关于调整固定资产投资项目资本金比例的通知》：保障性住房和管理商品住房项目的最低资本金比例为 20%，其他房地产开发项目的最低资本金比例为 30%	自 2004 年以来执行 35% 自有资本金贷款比例后的首次下调，已恢复到 1996 年开始实行资本金制度时的水平，从而预示着紧缩了数年的房地产开发信贷政策开始"松绑"
2009 年 6 月 19 日	中国银行业监督管理委员会	《关于进一步加强按揭贷款风险管理的通知》	坚持重点支持贷款人购买首套自住住房的贷款需求，严格遵守第二套房贷的有关政策不动摇
2009 年 10 月 16 日	住建部等七部委	《关于利用住房公积金贷款支持保障性住房建设试点工作的实施意见》	"公积金"和"保障房"实现"对接"
2009 年 12 月 14 日	国务院常务工作会议	发布"国四条"，其中第二条为"继续支持居民自住和改善型住房消费，抑制投资投机性购房。加大差别化信贷政策执行力度，切实防范各类住房按揭贷款风险"	在"保增长"的总体要求下，房地产信贷政策维持了宽松的执行口径，有力促进了 2009 年楼市消费的增长

续　表

时　间	颁发单位	政 策 内 容	目 的 或 影 响
2010 年 1 月 12 日	中国人民银行	调高金融机构人民币存款准备金 0.5%	
2010 年 1 月 15 日	中国银行业监督管理委员会	高度关注房地产市场变化，加强对房地产贷款的监督管理和窗口指导	
2010 年 3 月 10 日	中国人民银行、中国银行业监督管理委员会	根据人行和银监会规定中的要求，继中行之后，有 7 家银行相继对首套房的个人房贷客户取消了七折优惠利率。首套房的优惠利率由 7 折升至 8.5 折	银行仍未停止七折利率优惠政策，原因之一是，监管层没有明确叫停七折利率优惠，也就是说，监管层规避信贷风险的决心还不够大。原因之二是行业协会对商业银行缺少引导和约束

2. 调控政策效果评价

从上面列出的政府调控政策和措施可以看出，为解决和改善我国城镇居民住房问题，在过去的几年中，中央政府及相关部门一直对上述问题进行调控，但仍缺乏有效性。

从采取的调控政策工具看：（1）土地供给制度不完善。根据文献综述部分，由于地价与房价存在着紧密的关联关系，因此土地供给制度一直是各国、各地区住房调控政策的重点，我国不完善的土地供给制度形成的高地价与高房价一直是政策调控的主要对象，通过政策的实践分析，目前采用的"招拍挂"方式出让土地，在地价形成机制上存在一定的缺陷；（2）住房公积金覆盖范围有限。目前住房公积金的缴存制度设计使得经济效益好的单位、收入高且稳定的非低收入消费者得到了更多保障，住房公积金的缴存模式拉开了贫富差距。

从完善住房供应结构的角度看，为解决和改善中低收入阶层住房问题而实施的住房保障政策，由于外部环境考虑欠妥，配套措施不完善，使得保障性住房的政策措施执行不利。具体表现在：（1）经济适用房。购买主体界定不清晰，购买对象资格审核不严格、房屋建造超准，一度使经济适用房政策偏离了原有的保障政策目标，此外对经济适用房的出售和转让缺乏监管。（2）廉租住房。目前我国廉租住房制度覆盖范围小，建设进度缓慢，部分城市土地出让获得的净收益没有用于廉租房建设，在全国各城市，廉租房的申请、审批、退出机制与国办发〔2006〕37号的文件要求有较大差距。

从规范市场交易秩序看，在商品住宅建设、交易以及管理中介服务的各个环节，存在部分违法违规、扰乱市场秩序的行为，已实施的市场规范措施不是很成熟，仍需进一步完善保障市场良好秩序的外部制度和体制环境。

3. 政策工具使用中存在的问题

建立城镇住房市场体系，完善住房价格市场调控机制，一般来讲政策工具的使用以经济手段为主，行政手段为辅，法律手段为保障。从我国城镇住宅建设调控政策的历史回顾与近期实践的效果分析来看，我国政府运用政策工具调控住房市场还不成熟，主要有以下几方面的缺陷：

第一，政策工具的单一使用有效性不足，难以达到调控目标。

（1）行政干预经验不足。我国政府根据法律法规以行政权威的强制力，通过政府行政命令、规定、发文等行政手段对住房市场的经济活动进行直接调节和控制。从干预的频率看，由于使用形式简单，见效快（特别是行政命令），使用的次数也最多。频繁地直接干预住房市场，运用不当会产生较大的负面影响，扰乱市场运行规律，难以根据经济运行基本趋势形成调控的规则或制度，使得行政干预出现更大的随机性，变化速度较快，市场预期不确定导致调控效果不显著；从干预的可执行性看，切实可行的实施细则制度不完善，使政策的可操作性降低，偏离调控目标；从干预的差异化看，由于城镇住房市场具有很强的区域性，全国各地区房地产市场"冷热不均",缺乏因地制宜、因时制宜的行政指导和干预,房地产市场尤其是欠发达地区房地产市场的健康发展将会受到影响。

(2)经济工具使用不充分。解决住房市场的失灵问题,政府一般情况下采取间接手段调控,经济工具是发挥经济杠杆的作用,具有间接性和指导性的特点,因此是当前城镇住房市场调控中的主要手段。从调控力度看,合理确定干预强度比较难,以金融调控工具为例,政府使用货币信贷工具规避银行系统资金风险的同时,又要确定合理的贷款利率保障房地产投资,以维持正常的房地产投资增速,这就要求政府事先调研,因地制宜测算货币信贷利率的具体幅度;从时效性看,经济工具的间接调控具有时滞性和惯性导致运用难度较大。

(3)法律法规手段运用水平有限,规范住宅市场的约束和规定较欠缺。房地产法律体系不完善,构筑房地产法律体系和立法体系的重要单行法尚未出台,如《住宅法》;房地产立法可操作性差,国外和我国香港特区房地产法律、法规条文对房地产经济活动各个环节乃至细节问题都规定十分明确,针对性强,只需将不同情况根据法律规定适用,因而落实起来比较具体。而我国的房地产法规一般仅规范了原则性问题,较少规定实施细节,导致实践中找不到具体法律依据出现漏洞;法律规范之间交叉重复,对"房地产"的概念界定不清,管理分散,降低了法律的公正和立法效果,对住房市场调的执法和司法实践带来了很大的影响,表现在法律草案的起草或法规、部门规章的制定方面缺乏系统性思维,没有考虑部门间法律法规的相互关系,造成重复立法或相互矛盾,例如《土地管理法》和《城市房地产管理法》在部分内容上既从属又矛盾,关系混乱。

第二,政策工具的组合使用缺乏配合和创新。

从上述分析可以看出合理协同使用几种调控工具可以形成调控合力,针对房地产的某一经济问题,单一使用某种工具,只是达到了"头痛医头,脚痛医脚"的效果,有时虽然同时运用了几种工具，由于调控目标不统一，工具使用不协调，反而相互抵消调控效果。例如，在住房交易环节，一方面为了提高居民的消费能力降低贷款利率，另一方面没有采取相应措施减轻居民面临房价继续上涨的购房压力。此外随着市场经济的不断完善，缺乏间接控管工具的创新以适应间接调控要求，没有充分发挥行业协会的作用。

第三节　完善我国城镇住宅建设调控政策的体系设计

一、调控政策体系的必要性

在我国城镇住房市场体系中，商品房是住房供给的主要渠道，房地产企业以追求利润最大化为原则，城镇居民是住房需求主体，追求消费效用最大化，通过住房市场交易环节实现企业利润和家庭住宅效用。根据前文第四章对城镇居民住房的情况分析，由于城镇住房市场的非均衡发展和供求失衡时可能形成的垄断市场，使得住宅市场可能出现供求总量与结构的失衡，从而导致商品房市场价格超出本地区居民住宅消费的支付能力，影响市场的健康发展。因此，就需要在城镇住房市场机制无法正常发挥作用的领域，予以政府干预和政策调控，以弥补市场失灵。由于近年形成了由开发商主导住房供给结构和销售价格的局面，我国城镇住房市场出现了供给结构失衡，有效供给不足，市场机制表现出明显缺陷，而且住房市场的发展不仅影响我国国民经济，而且作为城镇居民的生活必需品，其生产和销售上的失衡将直接影响城镇社会的和谐稳定，因此政府必须对城镇住房市场进行干预和调节。在城镇住房市场运行中，对市场进行干预和调控的流程如图 5-2 所示。

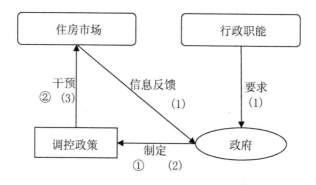

图 5-2　城镇住宅市场经济运行流程

　　城镇住房市场通过商品房价格信号引导居民消费、企业投资和政府调控的行为。政府根据住房市场的信息反馈以及职能要求，同时接收上级、同级行政机构与社会各方面对于市场信息的反应，制定法律法规和相关政策对市场进行直接调控（图 5-2①—②环节）和间接调控［图 5-2(1)—(3) 环节］，以影响城镇住宅的需求与供给，这一流程就是城镇住宅建设调控政策形成的过程，也是住宅市场健康运行的必要环节。

二、调控政策体系的系统目标

　　城镇住宅建设政策调控体系的目标和原则是调控的最基本问题，必须针对我国国情加以确定。城镇住宅建设调控，可以协调国民经济增长的关系，促进国民经济的增长；可以增加住房供给优化住宅市场结构，满足不同层次的消费需求；可以规范房地产市场行为，保障市场有序运行。因此在讨论调控的目标时，应从三个方面着手：一要满足经济发展要求，保持城镇住宅投资和住宅建设的稳定增长；二要实现社会发展需求，全面提高城镇居民居住水平，满足居民不同层次的居住要求；三要保障资源环境发展质量，提高住宅产业化水平，改善居民居住质量，建设节能、减排、环保与科技含量高的现代化住宅。

　　实现经济稳定健康发展。目前，已成为我国国民经济的支柱产业之一的建筑业 60% 以上的工作量是在房地产业领域。房地产业不仅是市场经济条件下解决居民住房问题的主要途径，而且是关系国民经济发展的重要行业。这是因为：第一，房地产业是产业链上下延伸较长的产业，上游可带动钢铁、水泥和玻璃等产品以及建筑业的消费，下游可以带动房屋装饰、家用电器等一系列消费品的需求。2008年我国房地产业的增加值占全社会GDP比重已超过5%，① 可以说我国的房地产业也是支柱产业。第二，房地产投资的80%以上是住宅投资，房地产投资越多，供给社会的住宅越多，特别是在住房需求旺盛的时期，加快住宅的供给可以缓解供需矛盾，促进城镇社会和谐发展，减缓房价过快上涨的现象。房地产业的发展对加速我国城市化的进程和实现全面建设小康社会的城市居民住房目标都已经并将继续发挥决定性的作用。因此，政府对房地产业的宏观政策调控必须维护房地产市场的稳定发展，努力避免和减轻房地产业出现大的动荡。

推动社会和谐进步。全面提高城镇居民的居住水平，满足各类居民的居住要求，需要根据城镇的发展为居民提供一定数量和质量的住房。为此，需要保证合理的住宅供应模式，形成社会发展平衡的机制，推动中国社会的和谐与进步。合理的住宅供应模式主要包括合理的住房供应结构、住房布局以及稳定的住房价格。住宅的档次、规模、建设速度需要与当前经济发展相适应，与需求主体人群的收入结构相适应，住房结构合理的前提就是住宅投资结构合理。政府对住房建设的宏观调控还要促使各类收入群体的住宅应与空间布局上和谐配置，实现居住区规划布局合理，文化特色突出，配套设施齐全、现代，居住条件舒适、方便、安全，居住区内外环境清洁、优美、安静，住区服务质量优异，社区公共服务便利。

促进环境可持续发展。环境的可持续发展离不开住宅产业的科技进步，建设节能环保住宅是实施城镇住宅建设可持续发展战略的

---

① 数据来源：中国经济网 http：//www.ce.cn/xwzx/gnsz/gdxw/200811/08/t20081108_17319248.shtml.

前提和条件。没有住宅科技进步，我们难以从根本上解决面临的资源环境问题，住宅业也难以得到持续稳定的发展，这一切需要通过提高住宅技术化水平来解决。我国城镇居民住房改善在前十年主要是居住面积的增加，而在后十年中则体现居住品质的提高①。近十年我国城镇住宅建设的环境发展目标体现在需要大力发展节能省地型住宅，提高住宅建设的现代化水平，加快建立适合我国国情的工业化住宅建筑体系和完整的住宅质量体系，实现科技含量高、资源消耗低、环境污染少、各种资源优势得到充分发挥的现代化住宅产业发展目标。

什么样的目标才能符合上述三个方面的调控标准。概括起来讲，当前我国城镇住宅建设调控政策体系的目标应该是：保持城镇住宅的供需均衡、结构合理，价格稳定，市场规范，保证城镇住宅建设的持续健康发展。下面对具体化的调控目标作一阐述。

第一，均衡城镇住宅供需总量，是稳定房价的基本途径。供需失衡将影响房地产与经济的健康发展，社会住房总供给持续大于总需求，会引发住房空置率上升，市场不能正常运转，使得房地产企业难以实现预期利润，出现资金链条断裂的风险，并最终有可能将此风险转嫁给银行和消费者；投资、投机需求过热，短时期内会不断诱发住房价格上涨，最终脱离市场实际需求和居民购买力，影响经济和社会的稳定。因此在供需平衡方面，首先要协调房地产增速与国民经济的发展速度，其次要均衡住房的供需总量。

第二，优化城镇住宅供需结构，是实现有效供给的基础。供需结构合理，使住宅供给结构与需求结构相适应。从住宅的需求效用角度看，居民对住房的需求分为四个层次：基本需求、改善性需求、享受性需求、奢侈性需求。②针对上述需求层次，住宅供应结

---

① 建设部政策研究中心《全面建设小康社会居住目标》课题。
② 陈淮：《救楼市应先"救"房地产结构》，《城市住宅》2008 年第 10 期，第 21 页。

构应形成三位一体的供应模式，即按照不同收入等级分别提供不同档次的住宅，分别是：面向低收入群体的廉租房；针对中等收入者提供政府补贴的经济适用房和平价出租房；对于高收入者，由房地产市场去解决他们的住房。因此对于不同的住房需求，调控政策立足点也应该分不同层级。对于"基本需求"进行鼓励和补贴，比如现在的经济适用房和廉租房；对于"改善性需求"政府也要鼓励，只有这样才能提高居民的居住水平；对于"享受性需求"，政策应该允许，但不鼓励和扶持；对于"奢侈性需求"，政策应该限制，比如可以征收较高的房产税。因为，目前这部分需求过多地占用了社会的优质资源。

第三，保持城镇住宅价格合理稳定，是房地产经济总体稳定的主要标志。房地产素有宏观经济晴雨表之称，保持住宅市场的价格稳定，有利于资本市场、金融市场与宏观经济的稳定。住宅价格的过度膨胀或大幅震荡，可能会诱发、激化经济、社会一些潜在的矛盾，而我国作为发展中国家，必须保持经济合理稳定的增长速度。有部分人认为，我国实行市场经济体制，房地产价格应由市场决定和调节，政府不必干预。这是一种片面的认识，从理论上看，市场的供求关系决定房价涨跌，但是由于住房市场结构具有异质性和垄断性的特征，住房商品兼具投资与消费的双重特性，容易产生投机导致供求失衡，价格不合理，这就需要政府对房价进行干预调控。主要表现为住宅价格的基本稳定，包括房地产整体价格、土地价格、住房价格，尤其是中低档住房价格的基本稳定，价格波动幅度与城镇居民收入水平相适应。

第四，规范城镇住宅建设市场，促进房地产市场成熟发展。我国正处于转型期，在房地产市场体系建立的过程中，出现了一些法律法规难以覆盖的问题，在处理好制度、法治与市场三者关系的基础上需要进一步完善法律体系，维护住宅供给、分配与交易诚信，体现房地产市场的公平、公正。在推进现代市场体系建设的进程中，营造公平公正的法制环境、竞争有序的市场环境、诚实守信的社会环境，要进一步打破行政性垄断，完善商品和要素价格形成机制，整顿和规范市场秩序，加快建设社会信用体系。

第五，实现城镇住宅市场可持续的健康发展，是调控最终要达到的发展目标。由于城镇住宅市场健康发展对宏观经济运行环境与政策调控较为敏感，因此需要增强抗波动能力以实现住宅市场的可持续发展；可持续发展还离不开住宅产业的科技进步，建设符合循环经济特点的可持续型住宅，或者说高性能的节能省地环保型住宅，才能提升住宅产业，最终实现住宅科技含量高、经济效益好、资源消耗低和环境污染少的目标。

三、调控政策体系设计的指导原则

城镇住宅建设调控政策体系是一个复杂的系统，为实现多元化的目标，需要根据系统论的思想，在外部环境的约束下，制定总体原则以指导调控政策体系有效运行。

1. 外部环境约束

当前，我国城镇住宅建设调控政策体系面临着复杂的法制环境与经济、社会、生态等环境的挑战，这些形成了城镇住宅建设调控政策体系的外部环境，影响着政策调控原则以及调控措施的选择。其中，法制环境对调控政策体系起约束作用；经济、社会、资源等环境与调控政策体系的关系是作用与反作用，体现为相互促进与相互制约，如图5-3所示，影响城镇住房调控政策体系的外部因素可以分为两大类：

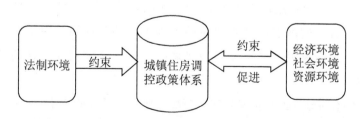

图5-3　城镇住宅建设调控政策体系的外部环境

（1）经济体制转轨时期法制环境不完善对政策实践的约束。我国经济体制的改革与政府职能的转变，在经济调节、市场监管、社会管理和公共服务等方面政府正逐渐发挥更大的作用。但面临着不完善法制环境的约束，房地产业成为经济转型过程中最具争议的行业之一，对如何进行政府调控，有效发挥作用促进房地产业发展还在实践探索中，系统的管理理论和成功的实践模式目前还没有形成。

（2）经济、社会、资源环境对调控效果的要求。①经济环境，房地产开发投资在国民经济固定资产投资领域有绝对量大、敏感性强的特点，因此稳定房地产经济和住房价格的住宅建设调控依赖于我国宏观经济的健康和平稳发展；②社会环境，我国处在推进以改善民生为重点的社会建设过程中，调控政策的制定与实践不能脱离建设和谐社会的要求；③资源环境，满足不同层次居民住房需求，推动住宅产业的发展政策要符合发展循环经济的要求，从促进住宅科技进步、提高住宅产业化水平的角度出发，以实现资源环境的可持续发展。

2. 指导原则

面对城镇住宅建设调控政策体系的环境约束的总体目标，城镇住宅建设应坚持以下原则。

（1）发挥政府调控作用。住房产品是城镇居民的生活必需品，政策必须进行干预，通过调控住宅市场消除市场失灵，促进住房市场发育成熟，以维护城镇住房市场的正常运行秩序。

（2）综合运用调控手段。实践证明，单一的调控工具效果不佳。只有在遵循市场发展规律的前提下，外部环境入手配合产业内部着眼，采用直接调控与间接调控方式，充分发挥综合调控的作用。

结合各地区经济情况。区域经济和社会发展水平各异，住房市场发展和表现出的问题也不尽相同。因此政府进行宏观调控时，应结合住宅市场的区域性特点和当地具体情况实施因地制宜的调控政策。

协调好各方利益。社会总效益是由社会效益、经济效益和环境
效益构成的。住宅建设政策调控的结果要实现社会总效益大于社会
总成本。住宅建设调控，将会影响住宅供给、消费、监管等各方利
益，这些都是房地产市场的主体，稳定住房市场调控的基础需要协
调好各方的利益。

四、政策体系模型的框架设计

城镇住宅建设政府调控总体模型是在总体目标和总体指导原则
的基础上，结合城镇住宅建设政府调控的主要调控政策的制定和实
施（如图 5-4 所示）。

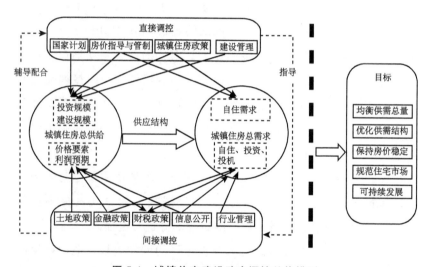

图 5-4　城镇住宅建设政府调控总体模型

从图 5-4 可以看出，城镇住宅建设调控政策体系框架包含的内
容主要有：

（1）政策工具的选择。从前文对现有调控工具的总结可知，本
体系的政策工具应包含国家计划、行政工具、经济工具和法律法规
工具，根据调控对象、调控方式和调控效果而选用具体工具。调控
工具的选择和绩效评价将在第四节展开探讨。

（2）干预管理工具的组合。①城镇住宅建设政策调控的干预管

理工具由直接调控手段和间接调控手段组成。发挥直接调控作用的手段组合对城镇住宅建设的供给与需求直接产生影响，例如国家计划工具、价格管制工具、住房政策等手段，分别通过影响投资、建设规模与满足自住需求来调节城镇住房市场的供需总量与优化供需结构，由于直接调控手段可短时间产生效果，因此多为政府采用；间接调控手段组合对城镇住宅建设的供求具有间接影响，例如通常采用金融、财税、信息公开与规范房地产行业管理等手段，通过影响住房建设的要素价格、房地产开发企业的利润预期来调控住房供给，以及实施差别化的金融、税收等政策调控居民的住房消费行为，由于间接调控可以从供需联动途径入手产生调控效果，所以是城镇住宅建设调控政策体系不可或缺的重要部分。②上述两种工具组合功能的侧重点不同。直接调控工具组合的功能是计划控制，间接调控工具组合的功能是实施性调节。③直接调控与间接调控之间是相互作用的。直接调控引导间接调控，反之，间接调控辅助并配合直接调控的实施。为避免住房市场过多的行政干预，原则上建议多采用间接调控手段。

（3）调控的方式。城镇住宅建设调控政策体系主要通过影响市场主体行为，以住房供给、需求以及供需联动的方式发挥调控作用。具体内容将在下文政策调控的途径部分进行阐述。

（4）政策调控的环节。为了产生更好的调控效果，把握调控的时点，需要根据房地产市场监测信息掌握房地产发展的阶段性，同时结合具体建设项目的生命周期进行切入。具体内容将在下文政策调控的环节部分进行阐述。

（5）调控指标体系的设计。为满足经济、社会、环境可持续发展的要求，需要制定具体可量化的调控指标，以综合运用多种手段实现调控的目标体系。

第四节　我国城镇住宅建设调控政策体系的运行机制

一、工具选择及综合评价

城镇住宅建设调控政策体系是国民经济调控体系的一个有机组成部分，前者和后者之间的关系是分系统和系统的关系。在确立了系统运行的目标和原则后，政策体系采取的方式和手段则是一个复杂的系统。政府调控和管理机构主要通过运用经济、法律、行政的手段，对住宅建设发展和市场运行进行调节和控制，以满足我国经济稳定发展、社会和谐、资源环境承载力可持续发展的要求。

1. 常规性调控工具

从对我国房地产宏观调控政策的历史回顾和其他国家对住房市场的调控手段看，政府对住宅建设的常规性调控工具主要分为国家计划、行政工具、经济工具和法律工具三类。

（1）国家计划。由政府负责制定和实施，分为以中央政府为主体的中央计划和地方计划。国家计划总体上应当是指导性的计划，包括宏观计划和中观计划，侧重于对城镇住房规模总量和结构的控制，强调的是长期性、综合性和统一性。

在市场经济条件下，国家层面的计划调控是以市场为基础，充分兼顾国家经济、社会发展的总体需求，把握总量供需关系，分析总体供需要求，制定全国住房建设用地年度供应量和住房建设规划，引导全社会的住房建设，推动住宅市场的稳定发展；针对不同的区域的发展水平，提出全国分区域房地产开发的指导性意见，做出政策安排；界定和明确保障群体和对象，针对不同层次的住房需求和近期的保障性住房要求，制定政策性住房的中长期供应规划，并实施年度建设安排。地方层面住宅建设计划应以国家计划的总体安排为指导，结合本地区实际情况制定土地供应年度计划和住宅建设年度计划等。制定和实施国家计划产生的调控效果见表 5-8。

表 5-8　工具绩效定性评价——国家计划

政策领域	二级指标	三级指标	市场主体			市场均衡		政策弹性	
			企业	居民	供给	需求①		强	弱
						自住	投机		
国家计划	住宅建设规划	商品房建设计划	●	●	↑	↑		●	
		保障性住房建设计划	●	●	↑	↑		●	
	土地利用总体规划	建设用地总量、耕地保有量	●		↓			●	
		土地供应计划（增加供应）	●		↑			●	
		划分土地利用区（严格用途）	●		↓		●	●	
	监督与激励	约束地方政府行为	●	●	↑	↑	↓	●	

说明：①●表示产生影响，↑表示数量上升，↓表示数量下降；②根据表中供需选项是否标注，可以看出政策工具调控的途径；③因政策工具影响市场参与主体预期而产生供给或需求的变化，暂不标注。

（2）行政工具。由政府运用行政强制力，通过行政系统制定和实施，对城镇住房市场结构失衡的非常时期动用行政手段可以短期见效。调控城镇住房的行政手段有多种，主要有：①调整土地管理政策来调节城镇住房供需总量、结构和住房价格，例如土地储备、土地供应方式、土地转让制度与闲置土地收回等手段。②调整住房政策对住房市场供给和需求产生影响，主要有两个方面，一是调节政策性住房建设影响住房市场供应，二是对低收入者发放住房补贴

---

① 从消费效用的角度，需求结构应分为自住、投资与投机三个层次。在政策工具绩效定性评价表中，需求类型简单分为自住投机两种。

满足其自住需求。③加强房地产市场制度建设，健全信息披露制度，确保房地产市场信息公开、透明，以合理引导消费者的心理预期；规范房地产市场运作，完善房地产产权管理，加强对房地产企业、中介服务机构从业人员的资格审查与管理；改善住房投资审批流程。④此外，在非常规时期可以使用的价格指导与管制。只有在特殊时期，才能作为调控市场的一种手段。价格指导，是房地产开发商参照执行政府确定的住房指导价格；价格管制由最高限价和成本加成定价组成，即房地产开发商定价不能超过政府指定的最高价格，或者政府根据住宅建设的平均成本确定企业合理的利润空间来指定住房价格。因价格指导与管制使用条件受限，后续部分不对其进行绩效评价。行政工具产生的调控效果见表5-9。

表5-9　工具绩效定性评价——行政工具

政策领域	二级指标	三级指标	市场主体			市场均衡		政策弹性	
						需求①			
			企业	居民	供给	自住	投机	强	弱
行政工具	土地管理政策	增加土地储备	●		↓				●
		"招拍挂"土地供应方式	●		↓				●
		收回闲置土地	●		↓				●
	住房政策	政策性住房参与市场供应	●	●	↑	↑			●
		发放住房补贴		●		↑		●	
	房地产市场制度	健全信息披露制度		●		↑	↓		●
		规范房地产市场运作	●	●	↑	↑	↓		●
		完善住房投资审批流程	●		↑				●

① 从消费效用的角度，需求结构应分为自住、投资与投机三个层次。在政策工具绩效定性评价表中，需求类型简单分为自住投机两种。

（3）经济工具。在宏观经济背景下城镇住宅建设、居民消费水平都与与国家的信贷政策、税收政策、利率政策等密切相关，因此，经济手段对住宅建设的调控作用也是非常明显的。经济手段主要通过调控资本市场、财政支出和税收政策以调控城镇住房建设。①调控资本市场的工具有银行准备金率、存款利率、公积金及信贷调控。其中，在使用信贷工具时，是通过调节贷款利率和比例等金融杠杆来调节货币供应量和需求量，进而调控房地产市场。在贷款利率方面，对房地产开发商贷款利率和住房消费信贷利率两者的反向操作，以及在贷款比例方面降低购房消费时可申请到的最高贷款，特别是严格控制期房最高抵押贷款比例可以有效抑制投机需求，以影响供需平衡。②税收政策可以通过对住房市场运行中不同环节进行征税，制定差别税率的税收政策，调节税收额度实现对住房市场的影响。③调节财政支出，具体工具是财政投资和财政补贴，财政投资用于增加保障性住房的供应量，财政补贴有住宅生产补贴和消费补贴。经济工具产生的调控效果见表5-10。

表5-10　工具绩效定性评价——经济工具

政策领域	二级指标	三级指标	市场主体			市场均衡		政策弹性	
			企业	居民	供给	需求①		强	弱
						自住	投机		
资本市场	银行准备金率	提高准备金率	●	●	↓		↓	●	
		降低准备金率	●	●	↑	↑	↑	●	
	银行利率政策	加息	●	●	↓		↓	●	
		降息	●	●	↑	↑	↑	●	
	公积金	提高提取比例		●		↑			●
		提高公积金利率		●		↓		●	

---

①　从消费效用的角度，需求结构应分为自住、投资与投机三个层次。在政策工具绩效定性评价表中，需求类型简单分为自住投机两种。

续　表

政策领域	二级指标	三级指标	市场主体			市场均衡		政策弹性	
			企业	居民	供给	需求①		强	弱
						自住	投机		
资本市场	信贷政策	调高购房消费可申请的最高贷款比例		●			↓		●
		严格资格审查	●	●	↓		↓		●
税收政策	开发环节	契税、营业税、土地增值税、印花税、企业所得税	●		↓			●	
	流通环节	登记税费、契税、营业税、交易手续费、个人所得税		●		↓	↓	●	
	持有环节	企业房地产保有税、城镇土地使用税、物业管理费、房产税	●	●	↓		↓	●	
财政支出	财政支出	增加支出	●		↑	↑	↓		●
	财政补贴	生产和消费补贴	●	●	↑	↑	↓		●

（4）法律工具。市场经济实质上是法制经济，政府通过公平的规则维护市场经济主体之间进行自由竞争并监督规则的执行，法律规范正是为维持正常的市场秩序而进行的强制性制度安排。城镇住房调控政策使用的法律工具是通过法律执行和法律监督手段来规范、健全城镇住房市场的发展。法律工具主要分为两类：一类是关于城镇住房建设和销售、使用的立法。另一类是在其他相关法律中规范住宅市场方面的内容。完备的房地产法律体系一般应该包括城

---

① 从消费效用的角度，需求结构应分为自住、投资与投机三个层次。在政策工具绩效定性评价表中，需求类型简单分为自住投机两种。

镇房屋管理规范，政府对城镇各类土地的利用规范，用于调和国家与集体的经济利益、土地使用者与使用权出让者之间利益差异的土地财产关系。

2. 创新型调控工具

为适应住房市场对间接调控的要求，在城镇住房建设调控政策体系调控工具的使用中还需完善和创造新的控管工具。主要有完善和拓展行业协会对住宅建设的管理职能，建立柔性调控管理工具。

（1）完善和拓展行业协会的作用。我国房地产行业管理，应拓展行业协会对住宅建设的管理职能，形成协会与政府的新型协作关系，即政府实施宏观管理、行业协会实施中观管理、企业负责微观管理。由行业协会协助政府来对行业进行控制，共同规范市场活动，以提高管理的效率。作为非政府组织的行业协会可发挥如下作用：一是成为政府和企业沟通的桥梁；二是制定和推广住宅产业技术标准和准入门槛，例如推广住宅开发新技术、制定绿色生态住宅的评估标准、评定绿色住宅等级及授予等级证书，以促进行业进步和提升企业竞争力；三是促进房地产行业企业自律，维护企业公平竞争；四是保障企业的合法权益，使其不受到政府不公平政策和其他方面的损害。

（2）建立柔性调控管理工具，是指政府采用非强制性的手段，利用自身对市场和企业的影响力来达到调控经济发展、管理市场运行的目的。在市场经济中，采取柔性调控管理往往能取得更好的效果，这些手段包括宣传教育和舆论导向手段、引导手段、劝告手段、伦理道德教育和社会监督手段。

① 引导手段。是指政府通过舆论导向、宣传教育和及时发布市场信息等方式引导房地产经济发展方向、速度和规模，以达到调控目标的一种间接调控手段。主要体现在以下三个方面：一是政策引导，通过宣传教育和舆论导向对住房市场结构以及变动趋势进行诱导和干预，使市场参与主体及时沟通信息，了解和把握政策导向，

转变观念，以增加房地产品的有效供给和有效需求。二是信息引导，为使企业开发经营服务行为符合现代市场经济的需要，建立、健全全国性的房地产市场信息系统，利用信息网络优势定期向社会发布城镇住房价格以及房地产投资、消费和流通等方面的信息，引导住房价格合理形成。三是企业的示范引导，为了规范市场、提高经营活动的效率，可以通过选取行业内部评价较高、经济实力较强、经营效益良好的大中型房地产企业中介服务及物业管理机构作为示范，引导市场的经营活动。

②劝告手段。是政府凭借行政权力对房地产市场参与者的有关行为进行说服教育，通过劝告施加影响，以达到既定目标。如日本自70年代以来运用劝告方法至今，收到了良好的调控效果。

③伦理道德教育。增强市场参与者的自身修养，以规范自身行为。

④社会监督手段。城镇住房建设是对资源的利用和福利的分配，是对与之相关的公众利益的再调整。为使住房建设秉持公平、公正、公开的原则透明、开放地进行，杜绝寻租行为，需要建立起一套公众参考、社会监督的机制，是推进社会主义民主建设的关键之举。

二、政策调控的切入点与途径

立足于我国城镇住宅建设发展的历史和现况，特别是当前一些易引发住房市场剧烈波动的现实及潜在影响因素，相关政府管理部门需要在宏观上掌握房地产发展的阶段性，微观上结合住宅建设项目的项目周期，从调整供需结构方面对住宅市场进行适度干预，以确保我国房地产市场持续健康地发展。

1. 调控的切入点

根据住房市场阶段性变化表现出的特征采取调控政策和措施以抑制波动。从宏观角度看房地产周期性是客观存在的，我国虽然已经进行了十几年的房地产市场调控实践，但还没有经历完整的房地产市场周期，找出发展规律不太容易，但还是存在一定的阶段性波动现象，所以为了更好地把握调控的时点，需要结合房地产市场监测信息掌握住房市场发展的阶段性及阶段性特征，在问题即将出现时预先采取相应的调控措施。

当市场特征表现为供大于求、需求逐渐上升、房价表现回升态势、住房建设投资逐渐增加、交易也日趋活跃时，政府应该适当放宽限制以推动住宅产业进一步发展；当市场特征表现为企业与住房建设项目数量逐渐增多、住房自用者与投机者大量涌入、房价日趋上涨、空置率开始增加、各种违约现象增多、新增投资明显下降时，政府要逐步出台限制和收缩政策，如提高银行利率、压缩投资规模、收紧银根等政策措施，防止住房市场过热。当市场特征表现为住房价格和交易数量萎缩，空置率进一步增多，新开工项目减少，企业利润大幅缩水，出现房地产企业破产现象，政府要采取积极调控政策，放宽对房地产市场的限制，以刺激和鼓励房地产商的生产积极性，增加市场信心，制止市场下滑态势。如果市场特征表现为住房价格只跌不升，价格大幅下降，交易量进一步锐减，企业破产现象进一步加剧，说明市场信心跌入谷底，这时政府要采取更为积极的措施，鼓励市场尽快复苏，以提振市场信心。

2. 调控的环节

是指结合住宅项目建设实施时不同阶段运用的调控手段。根据城镇住宅建设政策调控的内容，住宅项目建设实施可以划分为以下几个工作阶段：项目立项阶段、建设准备阶段、施工阶段、竣工阶段，以及贯穿施工与竣工阶段的住宅销售过程。整个项目可以划分为前期、实施、经营三个过程，前期过程包含住宅项目的立项与建设准备阶段；实施过程包含住宅项目的施工与竣工阶段；经营过程包括住宅项目的销售阶段。图 5-5 表示了城镇住宅项目建设实施各阶段。

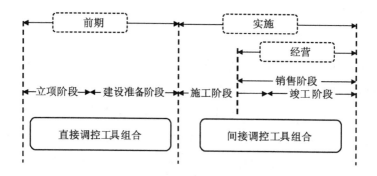

图 5-5　城镇住宅项目生命周期

根据各阶段政府调控对城镇住房建设的影响，项目前期，中央与地方住宅建设计划确定了一定时期内住房建设规模、结构和布局；土地供应计划与制度确定了土地的微观管制途径，通过控制这两个方面，可以直接影响住宅建设的投资规模、结构、布局，进而调控房价，所以属于直接调控手段。而此后实施与经营过程的政策调控只起到间接影响，并逐渐减少。因此，政策调控应当重视在项目前期运用直接调控工具，充分发挥间接调控的作用，尤其是使用信息公开手段对整个过程发挥引导和监督作用，两者相互配合实现政府管理的目标。

结合上述思路，对住宅建设进行微观管制时，因为土地供应是住宅项目建设起点的里程碑，因此是调控住房投资与供应的关键因素。管理土地供应主要通过控制土地的供应数量、供应结构、供应方式、供应时序等方面来对住房市场施加影响。第一，调控土地供应数量。一方面影响住房供应总量，特别是影响住房增量，另一方面是影响生产预期，由于住房建设时滞性等原因，影响力的时效不同，但对投资的影响却是当期的。因此，从调节住房供应与投资角度，控制土地供应数量是微观管制的重要环节。第二，控制土地供应结构。由于不同类型的住宅用地对应的是不同层级的住宅产品，通过控制不同住宅用地供应的结构比例对住房结构进行调节，从而影响住宅市场的供需关系，进而影响住房价格。

3. 调控的途径

是指调控市场过程中，政府采用的方法和路径。在瓦尔拉斯模型①里，住房会自动取得供求平衡。但由于住房商品的特殊属性，以及我国现阶段政治和市场双重不完善的体制转型期，供求并不能取得平衡，需求对其进行干预。因此，城镇住宅建设调控最基本的路径一是干预住房供给，二是干预住房需求。根据我国住房市场发展不同阶段对于政府调控政策提出的不同要求，特别是考虑到目前住房市场供需发展不协调，仅仅单方侧重于供给或者需求来进行政策调控效果有限，还需从供需联动途径着手调控城镇住宅建设。

（1）干预住房供给调控城镇住宅建设。干预的方式可以分成两大类，一是影响开发企业的生产预期；二是在资源总量约束下与市场供给相对稳定的情况下，调整住房结构使等量资源满足更多需求。

从干预房地产企业开发住宅项目的预期角度看，由于住房投资审批与建设过程的时滞性，以及住房耐久性，每年住房增量对总体存量的影响有限，住房供给对社会住房需求的变化只作出部分反应，从而导致当地住房市场的繁荣与衰退，进而影响经济波动。但是住房的建造速度对宏观经济形势反应敏感，所以调节城镇住房建设速度可以影响房地产市场不同发展阶段时住房的供需平衡，企业的开发预期在建设时机的选择中扮演着重要角色，所以通过调整土地转让政策、加息等货币金融政策来激励或约束企业的再生产意愿，影响住房开发时序。调控政策可从两方面进行，一方面是政府调控土地、资本等生产要素的供给，对房地产开发商进行直接干预。例如在土地出让过程中，通过限定土地出让价格、供地区位、用地性质、容积率直接影响住宅建设的区位分布、类型、价格等。

---

① 在传统的瓦尔拉斯完全竞争模型中，每个决策人都不知道其他人的生产条件和偏好，根据价格信号做决策就能达到供求均衡。

另一方面是政府通过调节财政支出，提供政策性住房、补贴或维修存量，直接调控供给。

在资源总量约束下，从干预住房结构角度看，由于商品房和保障性建房的利益很难平衡，导致公共品无人生产，社会中低收入群体的住房需求被边缘化，以及对利用城镇公共资源的寻租行为，需要调控政策增加中低收入阶层的住房数量和优化空间分布。干预供给另一种方式是制定住房建造标准，在市场供给相对稳定的情况下，通过调整"切蛋糕"方式，改善住房结构使等量资源满足更多需求。

（2）干预住房需求调控城镇住宅建设。住房需求可划分为自住、投资与投机需求。因此对住房需求的调控一是要控制自住型刚性需求激增剧降，使其渐进释放；二是要满足低收入群体的刚性需求，通过公积金、房租补贴等方式刺激住房市场的集体消费；三是控制投资需求，抑制投机需求，通过信贷和税收两大方面政策提高住房的流转和持有成本。但在一定程度上，造成住房市场流通领域资本过剩的主因是民间资金很难进入房地产开发领域，所以改变各行业资本收益率的不均衡才是根本问题所在；四是住房供应结构变化也会影响住房需求，如政府保障性住房的增加会对市场商品住房的需求产生影响。此外，学术界也存在另一种思路，希望通过自我节制，引导居民正当消费以解决住房问题。①

（3）从供需联动途径着手调控城镇住宅建设。管理住房建设是调控供需的主要方法，例如对土地、金融市场的调控都对供给与需求两方面起作用。在住房建设项目立项阶段，政府通过审批环节，根据调控的不同要求，可以调节住房供需与国家房地产市场调控的走向相一致。制定住宅建设类型、面积、户型及产业化推进、销售管理等方面的要求也是政府调控供需的主要手段。

---

① 彭坤焘：《宏观调控下的住房开发特征研究》，同济大学 2008 年硕士学位论文。

三、调控政策的指标体系

综合运用多种手段实现调控目标，需要在环境约束下进一步细化城镇住宅建设调控目标，建立调控政策的指标体系，以确定所采用的调控工具组合。调控指标体系应包含大量非指标性的管理工作和具体可量化的指标控制。设计思路从两方面着手，一是调控政策体系具体调控指标的构建，二是整个指标体系的框架设计。

1. 指标分析

以目标为基础，城镇住宅建设调控政策的指标体系从经济、社会、环境三个方面细化。

（1）满足经济发展要求的指标：城镇住宅投资规模、城镇住宅建设规模。二者能够反映城镇建设住宅投资情况，从而反映住宅建设与城镇固定资产投资的关系，以反映经济可持续发展的情况。

（2）建设和谐社会指标：在平衡供需结构方面，城镇住宅投资结构、供给结构、各层次消费需求的居住结构布局与平抑投机需求等指标，反映了各层次住宅的数量结构以及空间分布情况，体现城镇居民居住水平和居住的公平性；在反映整个房地产行业的健康发展方面，市场规范程度与投诉率指标可以体现行业进步情况。这些指标共同影响城镇居民居住问题的解决和社会的稳定，可用上述指标表示社会可持续性。

（3）实现资源可循环利用的指标：节能省地、资源再利用水平等性能指标，可以反映住宅产业对资源可承载力的影响，体系城镇住宅建设生态可持续性情况。采用住宅产业化技术手段可以调节节能省地、资源循环利用水平等指标的落实情况，因此技术应用指标是构成环境指标的主要内容。

2. 调控指标体系

根据城镇住宅建设政府调控总体目标，城镇住宅建设调控指标体系构成如图 5-6 所示。

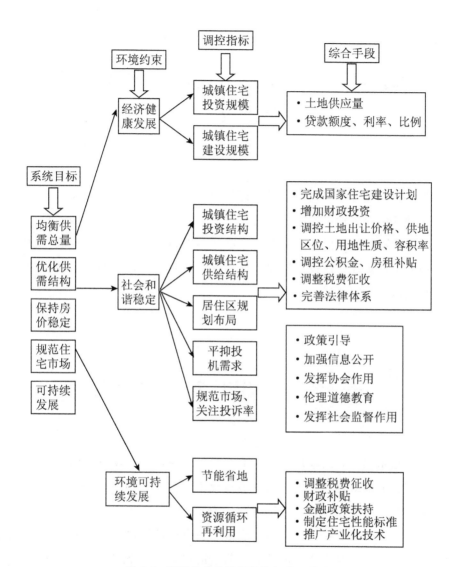

图 5-6 城镇住宅建设调控指标体系构成

第六章　加强城镇居民住房建设的政策建议

　　我国城镇住房建设虽然取得了很大的进展，但现阶段存在的问题使住房成为社会各方面都密切关注的焦点。为了我国能够如期实现小康社会对居民住房的要求，必须使城镇住房建设健康发展。根据我国城镇住房建设调控政策体系模型的整体设计思路，下面将给出具体的政策建议。

第一节　实现目标需解决的问题

　　在市场经济的条件下，房地产开发商在住宅建设中应起主要的作用。如前所述，我国城镇住房建设中，房地产开发所占的比例不断上升，已成为城镇住宅建设的主力军。但是，由于近几年开发商开发的商品房价格快速上涨，引起了各方面的不满，紧接着由于政策和多方面的原因使开发商对商品房的投资迅速下滑，今后一个时期商品住房可能出现供应不足的问题，导致"十一五"城镇住宅建设的目标难以完成。从目前和长远发展来看，保证目标的实现需要解决以下几个方面的问题。

一、端正对房地产业的认识，促进房地产市场健康发展

　　已成为我国国民经济的支柱产业之一的房地产业，对加速我国

城市化的进程和实现全面建设小康社会的城市居民住房目标都已经并将继续发挥决定性的作用，因此，政府必须维护房地产市场的稳定发展，努力避免和减轻房地产业出现大的动荡。

（1）不宜再抑制房地产投资。房地产投资的80％以上是住宅投资，房地产投资越多，供给社会的住宅越多，特别是在住房需求旺盛的时期，加快住宅的供给可以缓解供需矛盾，减弱因供不应求导致的房价过快上涨现象。另外，房地产投资和其推动的与住房有关的消费所涉及的产业广泛，带动的产业链长、面广，对GDP增长做出的直接和间接贡献是一般产业不可比拟的。由于房地产业在我国经济中已起到举足轻重的作用，压制房地产投资会影响我国经济的增长，耽搁我国全面建设小康社会的进程，于国于民都不利。

（2）要正确认识房价上涨的问题。从长期看，随着城市的发展，房价上涨是一个常态。城市的房价变动在各个时期虽然有起伏，但总趋势是在不断上涨。如英国城市的房价指数2000年比1990年提高了59.1％，2007年又比2000年提高了1.24倍；其中伦敦2000年的平均房价比1990年高90％；2007年的平均房价比2000年提高了1.05倍；法国城市的房价指数2000年比1994年提高了30.4％，2007年又比2000年提高了1.01倍；美国城市的房价指数2000年比1990年提高了40.1％，2007年又比2000年提高了67.2％。城市的房价上涨是由于各种建房的要素如原材料、人力成本、土地的价格随着经济的增长都会一直上涨，特别是相对稀缺而且供给刚性强的土地价格，其上涨速度经常快于供给弹性较大的其他要素，几乎是所有城市房价上涨的主要推动因素。我们近几年几乎所有的因素都处于上涨的态势，特别是对房地产建设的土地配置实行"招、牌、挂"制度后，土地价格在住房建设的成本中所占的比重快速上升，房价不可能不随之上涨。即使近期我国房价由于多种原因可能出现房价暂时下降的情况，但过不了多长时间，必然出现重新上涨的局面，而且要超过下降前的水平。

近年来，围绕房地产业、房地产市场以及房地产价格发生大量情绪化的争论，原因是复杂的。政府对民意要顾及，但民意有时会出现盲从和偏激，特别是网络上的议论。目前的网民绝大多数是文化水平较高的中青年人，其中有许多是参加工作不久的高等学校毕业生，他们占据网络的绝大多数版面，并往往从个人的处境考虑问题参加网络议论和表态，有较大的片面性。因此，政府在决策时不能唯网民的"民意"是听，必须坚持科学发展观，坚持按经济规律办事的理性。还是要以宏观经济稳定健康发展的大局、以全体民众的长远利益为根本出发点。

二、要提高政府政策的有效性

房地产业不仅是市场经济条件下解决居民住房问题的主要途径，而且是关系国民经济发展的重要行业。因为房地产业是产业链上下延伸较长的产业，是钢铁、水泥和玻璃等上游产业产品以及建筑业的主要消费产业；下游可以带动房屋装饰、家用电器等一系列消费品的需求。因此，各国在其经济发展过程中，房地产业都是或曾经是支柱产业。尽管有人认为我国不应把房地产业作为支柱产业，但从其对经济的带动程度看，近几年已成为我国事实上的支柱产业之一，其发展与国家经济整体发展和解决居民住房条件的关系越来越密切。从国外成功的经验看①，无论是发达国家还是新兴市场经济国家，都特别重视房地产业的发展，通过房地产业的发展成功解决住房问题最根本的经验就是政府高度介入。介入的政策越明朗，越具体，越切合实际，住房市场的发展就越健康。我国人口众多，土地资源稀缺，居民改善住房条件的愿望强烈，政府加强对房地产市场的管理和调控更是必要和必须的。

政府对房地产市场的管理和调控的首要手段是政策。近几年国家和各地政府针对房地产业的发展出台了一系列政策，但总是难以达到其预想的目标，给房地产业的发展带来较大的损害。房价快速上涨时期，面对广大民众的不满，政府出台了一系列调控政策。但

---

① 见本书第二部分。

是这些政策不是针对房价上涨的真正原因对症下药去解决问题，而是依据投机（投资）导致房价快速上涨的判断，对需求加以控制，加大了居民购房的难度，难以达到同时解决供应和价格问题的目标，而且会带来一些难以解决的问题，延缓了居民改善住房条件的步伐。如提高购房首付比例和按揭贷款利率，使一些本来可以购买商品住房的居民望而却步，进入了无力购房的行列；提高第二套住房转让的税收，新建住房中 90 平方米以下住宅要占 70％的规定，不但很难控制和执行，而且使一些改善住房的需求难以实现[①]等等。与此同时，采取"招、拍、挂"方式出让土地等办法，大大提高了房屋建设的土地成本，反而促进了房价上涨，使居民购房更加困难。可以说，2005—2007 年出台的控制房地产政策只能起到制止需求和供给的作用，效果不佳。表现是在房价快速上涨时没有遏制住其上涨势头，商品住宅的全国平均价格在 2004 年之后一直快速上涨，2007 年比 2003 年上涨了 36.5％，北京、上海等一些大中城市的价格上涨超过 1 倍甚至更多。由于价格上涨过高，大多数准备购房的居民采取了不买房的观望态度。

进入 2008 年以来，商品房的价格出现了稳定和下降的势态，而且商品房的销售数量日益萎缩，使开发商购地和开发新楼盘的能力大大减弱，资金链的断裂使一些楼盘的建设中止，一些开发商破产或面临破产，整个房地产业有出现崩盘的危险。出现如此现象的原因是多方面的：国家从 2007 年开始加大了廉租房、经济适用房和限价房的建设，使符合购买后两者住房条件的居民不再考虑购买商品住房，减少了对商品住房的需求规模；国家采取提高购房贷款首付和利率等调控措施，压制了一部分居民购买住房的能力；股市的不断下跌，使一部分准备购房人的钱被股市吞吃；各种媒体上不断出现房价将出现较大幅度下降，房价将出现拐点的宣传，以及一部分

①　一般大中城市中获得福利分房的居民改善住房的目标是 100 平方米以上，而且是先买（即有了第二套住房）后卖原住房。

开发商降价或变相降价，使一部分准备购房者持币待购，推迟了购房的时间等等；商品住房的滞销使开发商的投资难以回收，加上国家不断收紧银根，导致开发商资金短缺，出现了最近以来房地产业发展低迷的局面，并成为导致整体经济发展下滑的主要原因之一。房地产业出现的问题，已使其上下游产业的发展出现困难，如果房地产业崩盘，将给国家的经济发展、金融、财政收入和人民的生活都带来更加不利的影响。房价的大跌还会使已购房的居民（数量远大于准备购房居民的数量）产生不满情绪，影响到社会的和谐发展。面对这种局面，国家不但迟迟没有认识到房地产业发展对经济发展的重要性，反而出台了不许房地产商利用已购土地抵押贷款的政策，加速了房地产业的不景气。后来虽然开始认识到这个问题的严重性，并从提高居民购房积极性方面出发出台了一些财政和金融政策。但没有采取直接解决房地产业最需要的资金紧缺问题的政策。拖延了房地产业复苏的时间，对迅速制止我国经济增长的下滑不利。

许多国家都出现过因政府对房地产业调控不力直接影响经济发展的问题，我国要防止房地产业发展对经济发展带来不利的影响，必须要提高调控政策的有效性。

三、控制房价过快上涨的政策要对症下药

虽然从各国房地产业的发展过程看，房价上涨是常态，但也要避免在一个时期过快上涨，远超大多数居民的购买能力的问题。因为这会阻碍改善居民居住条件的需求，使广大居民不满，引起社会问题。因此，政府不能不对近几年的房价快速上涨置之不理，但控制商品住房价格应该对症下药，有针对地解决上涨的原因，否则会欲速而不达。

近几年我国房价快速上涨具有多方面的原因，主要包括：

一是供不应求。目前我国城市居民的"衣、食、行"已基本不成问题，只有"住"的需求还难以得到满足，目前和今后一个较长时期内，住房仍然是供不应求的产品。我国取消福利分房后，城市

居民的住房主要由房地产业提供。目前需要购买住房的人很多，其中有住房的人要改善住房条件的需求占很大的比例，而且改善居住条件的愿望非常强烈。虽然房价相对于大多数居民的收入过高，如有的学者说，按现在的收入和房价水平，城市中70％以上的居民买不起住房，但中国的实际情况是70％以上的大中城市[①]原有居民在计划经济体制下获得了福利分房，把福利分到的房屋卖出或出租，就比较容易购买条件好一些的新住宅。近几年随着国家城镇化战略的实施，大量进入城市的新居民也需要住房。新居民中，收入高的必然要买房，收入低的也要住房，政府和开发商都不提供出租房，就只好去买或租旧房，为想改善居住条件的居民买新房提供了条件。同时，城市建设的发展要大量占用老居民区，需要一定数量的新住宅供拆迁之用。另外，由于计划生育导致的我国家庭特殊结构，使我国的一些年轻人能够在长辈的资助下，提早购买住房。这几种因素形成了大中城市强大的购买需求，虽然每年都要建设大量的住房，仍然有供不应求的趋势。按市场经济的规律，供不应求的产品价格必然呈现上涨趋势。

二是建房成本不断提高。除土地价格不断上涨之外，近几年房屋建设的各种原材料，如钢材、水泥及其他建筑材料的价格逐年上涨，房地产业和建筑行业的从业者的工薪水平也不断提高，房屋质量的提高和各种配置的增加，国家提出建设节约型社会，要求建设节能型住房等等，都使住房建设和销售的成本不断增加，必然推动房价的持续上涨。

三是开发商取得超额利润的欲望。开发商建设住房的根本目的就是要盈利，而且要追求利润最大化。因此，当他们有获得更多利润的机会时，绝不会放弃。前几年迅速膨胀的住房需求给他们带来获得超额利润的可能，不断上涨的建设成本给他们提供了价格上

---

① 我国的城镇体系包括城市和镇，在计划经济时代，能够享受福利分房的主要是大中城市的职工，小城市和镇主要是依靠居民自己建房和租房，因此，我国城镇居民整体的福利分房比例没有这么高。

涨的借口，自主定价使他们获得超额利润的欲望能够实现。于是他们推波助澜，不断提高房价，成为房价不合理快速上涨的主要推动力。

四是地方政府的纵容。地方政府担负着地方经济发展、促进就业和改善当地居民生活条件的重任，住房价格上涨会使地方的 GDP 增长、税收增加，会吸引开发商更多的住房投资，带动就业和缓解住房短缺的状况，并使地方政府获得额外的收益。因此，地方政府不但不反对价格上涨，而且为鼓励房地产业快速发展，不愿对其价格上涨加以控制。

在住房供不应求的条件下，要解决房价上涨过快的问题，又要保证住房供应，必须针对上涨的原因采取措施，才能有效解决问题。另外，不要因个别城市的房价快速增长，就采取"一刀切"的办法限制所有城市的房地产业发展。

在上述各种住房价格的上涨因素中，导致非理性上涨的主要因素是开发商获取暴利的心理和行为。因此建议重点控制开发商"哄抬"价格获取暴利的行为。具体工具是税收，由地方政府采取类似于我国对石油价格上涨收取"石油特别收益金"的办法向开发商征收价格上涨税（或暴利税），调节开发商的开发行为和价格水平。

例如可以规定每套住宅面积以每套建筑面积 90 或 100 平方米作为征税的基准面积，对基准面积以下的住宅不征收价格上涨税；对于每套面积超过基准面积的住宅，以上年年底"平均价＋成本上升因素"为基础，考虑住房的面积，按每平方米价格的上涨的情况加收不同比例的价格上涨税。如某市以每套 100 平方米作为住房的基准面积，上一年年底某种住宅的平均价为 8000 元/平方米，各种价格上涨因素为 10%，一套同类 100 平方米的住宅，今年每平方米的销售价格上限应该为 8800 元，整套价格应该在 88 万元。对低于这个价格销售的住房不增收价格上涨税；对每平方米价格超过 8800 元的住房按"每平方米价格上涨超增比例的 1%×住房面积/100"收取价格上涨税。具体的推算见表 6-1。

表 6-1 价格上涨税的测算表

住宅面积 m²	去年年底价格（元/m²）	今年价格（元/m²）	销售收入（万元）	价格超增比例（%）	价格上涨税率（%）	价格上涨税（万元）	开发商销售增加的收入（万元）
100	8000	8800	88	0	0	0	88-80=8
100	8000	9000	90	2.5*	0.025	2.25	90-80-2.25=7.75
100	8000	10000	100	15	0.15	15	100-80-15=5
150	8000	10000	150	15	0.225**	33.75	150-120-33.75=-3.75

＊价格超增比例＝（今年价格－今年价格上限）/去年价格；如：

（9000－8800）/8000×100％＝200/8000×100％＝2.5％

＊＊每套超过 100 平方米住宅的价格上涨税率＝（价格超增比例×1％）×（住宅面积/100）；如：

一套 150 平方米的住宅，价格为 10000 元/m²，税率＝15％×1％×150/100＝0.225％

这样的税收设计是住宅面积越大，价格超涨越高，开发商交的税越多，实际获利越少，可以限制开发商通过涨价获取暴利的行为；而且可以起到控制每套面积的作用。表中例子中只是一种利用增加税收控制房价快速上涨的思路，其中的基础建筑面积 100 平方米、根据成本上升确定的涨价上限比例 10％、税率的比例 1％只是假设，如果真的执行，政府有关部门应根据各地区的实际情况，适度确定并每年调整控制价格的各种参数。价格上涨税作为政府的税收，由税务部门操作，比较容易落实和控制。

控制土地的价格也是控制住房价格快速上涨的一个重要方面。因为近几年我国用于商品住房开发的土地价格上涨过快，在建设成本中所占的比例越来越大，一些大城市的住房平均每平方米的土地价格达到 2000 元以上，个别地块甚至超过 6000 元。土地价格的比重过大和不断上涨不利于控制房屋价格的快速上涨。

我国土地价格占住房价格较高的原因是我的国土地出让制度造成的。一是采取"招、拍、挂"的出让方式不断提高土地的价格；二是一次转让要交几十年的土地转让费。

　　虽然我国商品住房的建设和销售属于商品生产和交换的范畴，并已实现了市场化，但住房是人民生活的必需品，住房质量和人均面积是全面建设小康社会的重要指标，带有一定的政策性；土地则是国家所有，即全民所有。政府不应该在住房建设的土地转让中获取利益。考虑到社会各阶层对房屋的需求不同，建议对不同层次的住宅建设的土地出让采取不同的方式。

　　对城市住房规划中建设别墅和高级住宅的地块仍采取"招、拍、挂"的出让方式，并可设置较高的底价，但这类住房的规划和建设不许超过住房建设土地面积的20％；对占城市住房规划60％～70％的普通商品房建设用地，首先让开发商按造价成本的10％编制开发计划书，由有关方面的专家组成评审组，对各开发商的开发计划书进行评审，选择开发计划最符合在该地块住宅建设规划条件的开发商作为中标单位，按计划中的土地成本收取土地转让费；对占城市住房规划中10％～20％的廉租房建设用地，不收取土地转让费。

　　目前的一次转让要交几十年的土地转让费的制度对商品房建设的成本影响较大，而且在土地合同几十年后到期时，如何再收土地转让费的问题难以处理。因为届时不可能再找到原来的开发商，而且房屋卖出去之后，已与开发商没有什么关系了。几十年中住宅可能多次更换主人，如果让最后的居住者再交几十年的土地转让费，有失公平。解决的办法是改一次性收土地转让费为每年收土地租金，初次转让给开发商时，按目前地价的1/10～1/5收取开发商建设用地费，使商品房的土地成本降下来，同时可以避免出现上述土地合同到期时的麻烦。这种办法能够使政府每年都从土地获得收入，成为政府固定的收入来源。政府还可以随土地价格的上涨提高土地租金，增加收入。具体可以规定从某一天开始对新转让的土地采取租金制，对于过去出让的土地暂不收租金，在其到期后，改为租金制。

　　除了土地转让费之外，地方政府的各种税费也是导致住房价格高起的重要因素，目前有几十个部门向住房建设收取税费，总量占销售价格的 1/3 左右，其中有些是合法的，有些则是非法的。政府应通过自律，严格执行《行政许可法》，取消不合法的收费，同时采取鼓励开发商提高建设效率等办法，使建设成本降下来或不要过快增长。对于一些在住房建设过程中收贿受贿的政府公务员和其他腐败分子，上级和纪检部门应该严查，并给予法律制裁。

四、合理解决普通商品住房的价格问题

现在房屋销售困难，不是没有需求，而是民众认为房价太高，持币待购，等房价降下来再购买。实际上，按目前开发商的报价，大多数开发商都能获得较高的利润，是有降价的余地的。但开发商顾虑降价以后反而会引发购买者"买涨不买落"的心态，怕出现"多米诺"现象，曾以较高价格售出一部分房屋的开发商怕已购房的住户要求补偿。开发商和购房者对价格降到多少才合适，心里都没有底，导致虽然有一些房屋已降价或间接降价，但还是很少成交。为解决价格的死结问题，可采取以下几种办法。

（1）提出指导价。由政府有关部门或政府选定的咨询机构对不同地段的房屋，根据平均成本、平均利润水平进行价格评估，提出一个基本价的范围，并予以公布，供开发商和购房者参考。实际上这是给出底价的办法，使开发商和准备购房者都有博弈的目标，即在基本价的基础上，根据房屋的不同质量和其他条件讨价还价。

（2）通过政府购买压低价格。为了防止因已建成的房屋销售不出去，而使一些开发商资金难以回收，出现资金链断裂，不得不停止开发建设甚至破产的情况，政府应该出面或委托国有公司有选择地购买一部分已建成的住房，使开发商能够回收一部分资金保证其在建工程能够继续。政府购买的目的不是为救助开发商，而是为防止由于开发商破产可能带来的一系列问题，如银行出现坏账，施工单位的投入得不到回报，已购买期房用户的入住推迟或资金损失，影响当地经济发展和社会和谐，开发数量减少导致未来时期住房建设不足，形成更加供不应求的状况等等。政府或其委托的国有企业购买政府的价格应定位于成本加合理利率的水平，并予以公布，相当于国家粮食的最低收购价，为开发商和准备购房居民之间的讨价还价提供了标杆，可以起到带动居民购买住房的作用。政府购买的商品房可以转为普通出租房，解决城市中买不起商品房又不具备租用廉租房资格的居民，以及不想买房的居民的住房问题。

（3）制定降价房的补贴原则。虽然市场交易的各方都应该随行就市，"涨价不补，降价不退"是根本的原则，不应该找后账。但是，由于房屋是高价的特殊产品，对一些民众的心理不能不照顾，否则可能发生群体事件，影响社会和谐。为解决这个问题，除了要对这些居民进行房价上涨是常态，以后还会上涨的宣传之外，为防止矛盾激化，避免出现恶性事件，政府要采取一些措施。如由政府有关部门出面制定一个使开发商和已购房住户都能接受的补贴原则，对于开发商的损失政府可在地方收入的房屋拆迁管理费、城市房屋安全鉴定费、工程定额测定费、建设工程质量监督费等方面给予一定比例的减收或退费等等。

五、银行信贷要支持住房建设和居民购买

住房建设需要开发商投入建设资金，居民购买住房要有一定的财力，保证实现城市居民住房的目标就必须保证这两方面的资金都有足够的数量和通畅的来源渠道。由于住房建设和购买的资金需求量都比较大，大部分开发商和居民仅凭自有资金都难以完成建设或购买，都需要金融机构的贷款支持。其中个人购房的按揭贷款都通过购买房屋的交易转到开发商的手中。

近几年政府有关部门出台了一系列的政策对开发商为建设住房的融资加以控制。主要是两个方面，一是提高贷款利率，二是进行限制，如对开发商采取更严格的资格审查标准，限制开发商贷款规模，不允许以购买的土地抵押贷款等等。前者提高了建设的成本，对推动房屋的销售价格有一定的影响。后者则缩小了开发商住房建设的资金来源。2008 年 1—9 月，房地产开发到位的国内贷款资金同比增速逐月回落，从 1—2 月份的增长 29％下降到 1—9 月份的增长 8.6%；个人按揭贷款在 1—2 月份比上年同期增长 22.3%，从 7 月份开始变为负增长，1—9 月份比上年同期下降 14.9%；1—9 月开发商和居民在房地产方面的贷款数量的占开发商资金来源总量的比例由上年同期的 32.1% 下降为 29.0%。表明金融机构对房地产开发的支持力度有较大的减弱，直接影响到商品住宅的开发建设。

近几年，房地产贷款占银行贷款总额的比重不断增加，到 2008 年 8 月底，主要银行业金融机构房地产贷款余额 5.3 万亿元，占各项贷款余额的 16.9%；个人购房的按揭贷款余额 3.5 万亿元，占各项贷款余额的 11.2%，两者合计所占比例达到 28.1%。而在北京、上海等城市房地产贷款余额占其各项贷款余额的比重达到了 25% 以上，而所有与房地产贷款相关的贷款占到这些地区信贷总量的 40% 左右。房地产开发商的投资收不回来或者破产，不但房地产商的直接贷款无法回收，而且进行按揭贷款的房屋购买者会选择停止交付房屋按揭款，把风险转嫁给银行。金融机构与房地产商一样是首当其冲的受损者。直接威胁金融机构的贷款安全，当数量达到一定程度时就会引发金融危机。美国的次贷危机就是典型案例。

房地产业的健康发展不但涉及国家全面建设小康社会的住房指标完成问题，而且直接关系金融机构的利益。因此，国家的金融政策应该支持房地产业的发展。在符合国家政策的住房建设出现资金短缺时，帮助房地产商解决资金问题，防止其出现建设资金链断裂的问题。对交纳预付金和以按揭购买期房的住房购买者，监管机构应该加强保护。应有明确的法律权利保证住房购买者获得符合建筑标准以及广告标榜品质的房屋。可学习一些国家的办法，建立第三方独立账户、特殊股权工具，或监管基金等法律手段把顾客和开发商的资金隔离开，或是要求开发商提供金融担保来保护预付金，并根据实际工程进度和预计成本，设定预付金的法定金额。

我们建议调整目前的房地产信贷政策。从进一步完善市场经济体制，让市场发挥更大作用角度考虑，可以考虑给各商业银行在房地产信贷方面更多的自主权。如可考虑弱化以至取消具有较强行政干预色彩的行业规模管理，让各商业银行根据自己的经营情况和判断调整其房地产信贷政策；对从事政府鼓励的"保障房建设"项目，可考虑放宽资本金要求，加大信贷支持力度；对资质好的房地产开发企业放宽信贷条件；对购买首套住房的居民，允许商业银行在首付比例和贷款利率方面给予优惠。当然，这样做的前提条件是进一步加强银行体系的风险监控和管理。

第二节　政府在房地产业发展中的责任

政府必须全力以赴为实现全面建设小康社会的目标做出努力。国内外经验表明，市场机制可以较好地适应不同家庭的多样化住房需求，提高资源配置的效率，在解决居民住房问题中处于基础性地位，政府必须毫不动摇地坚持住宅市场化改革的基本方向。

一、应明确政府直接管理的范围和目标

管理和监管住房市场，保持其稳定健康发展是政府义不容辞的责任。管理分直接管理和间接管理，如何科学界定和划分两种管理的范围和界限，是保证我国住房市场健康发展的关键。在 20 世纪 80 年代以前，我国实行的是计划经济的福利分房制度，住房问题由政府统一管理，统一分配。结果是政府不堪重负，老百姓住房极其紧张。市场化改革以来，尤其是 1998 年实行货币化分房以来，我国的房地产市场焕发了前所未有的生机，伴随着房地产企业数量的增多，规模的扩大，长期困扰我们的老百姓住房紧张问题得到很大程度的缓解。但同时另一个同样尖锐的矛盾也越来越突出，那就是随着房价的不断攀升，大批中低收入家庭越来越无能为力，只能是望房兴叹。两个不同发展阶段的实践告诉我们，在住房问题上，政府既不能越位，也不能缺位，必须管理有度，有张有弛。

解读住房问题解决得比较好的国家的住房制度，一条普遍的经验就是，政府对住房市场进行了细分，明确了政府直接管理和市场化调节的范围和界限。即：对低收入和贫困群体以建廉租房为主，政府出资修建和维护，廉价出租给低收入和贫困群体；对中低收入群体采取补贴、援建、优惠贷款等方式，鼓励他们买房和租房，但对房屋面积和造价进行控制，住房的面积越大，造价越高，优惠补贴越少；对少数高收入群体的住房，按市场原则供给商品房。

当然，对市场的细分需要一系列具体而繁琐的测算工作，也需要考虑到一定时期经济发展水平和政府的经济承受能力，在一个时期要有一个标准和目标，比如可以选择十年为一个时期，确定每个时期平均每个家庭的住房标准和拟采取的战略措施。

二、政府和开发商分工合作扩大住房供给

从世界各国解决城镇居民住房的经验和教训看，解决较好的国家都对政府和开发商在住房建设上有明确的分工。根据我国的实际情况，本书提出建议：由开发商扩大商品住宅开发，为买得起房的居民提供住房；由政府提供廉租房解决城市最低收入的居民住房问题；由政府和企业共同提供普通出租房，解决其他居民的居住问题。

世界上许多国家和地区，如英国、新加坡等，都是采取政府直接投资或采取优惠政策补助开发商建廉租房的办法，解决低收入者的住房问题。目前，我国已经建立了廉租房的制度，并且规定各地政府要把土地出让金收益的10％用于廉租房的建设。近年来，廉租房的建设有了较快发展，2007 年廉租房建设的投资比上年增长 1.3 倍。但是，与我国城市贫困家庭对廉租房的需要量相比，数量太少，截至 2007 年年底，全国累计用于廉租住房保障资金 164.6 亿元，其中 2007 年全国实际用于廉租住房保障资金 93.8 亿元，与每年上万亿的住房建设投资相比，可以说是微不足道，连"装门面"都做不到。2008 年的土地出让价格和数量都有下降的趋势，可用于廉租房建设的资金增长有限。为了尽快满足我国城镇接近 20％的贫困家庭都能尽快解决住房问题，建议至少把土地出让金收益的50％以上作为廉租房建设资金，同时政府预算内资金支出也要增加对廉租房的投资。

廉租房可以建得简陋一些，每套面积在20～50平方米之间，每平方米月租金在1元左右，租给真正缺乏住房的城市低收入者、进城打工的农民和刚参加工作的大中专毕业生。由于住房较为简陋，造价低，不会增加政府太多的财政负担；收入稍高的居民也不会去抢租。

三、重视和发展多层次的住房租赁市场

按目前我国城镇的住房政策，政府只提供廉租房而不提供其他可供租赁的房屋。只有不到5％（目前还远没有达到这个比例）符合条件的住户是以租赁的方式获得廉租房，其他绝大多数的居民只有通过购买才能获得住房。这种住房的政策在全世界都是绝无仅有的，即使在市场经济发达的国家，大中城市居民的住房自有率一般都不会超过70％。各国都建设了大量不同档次的商品房供不同层次的家庭或个人租用，除了为收入最低阶层提供廉租房之外，许多国家的政府还为中等收入以下居民提供普通租赁住房，由政府投资建设或补贴开发商建设出租，高中档的租赁房屋则由市场运作。多层次的租赁住房为城镇居民住房提供了多种选择途径，有效地解决了城市住房问题。

目前我国大中城市的商品住房价格过高，大部分居民没有购买的经济实力。廉租房和经济适用房的政策，只能解决一小部分家庭的住房问题。有一大批既不能入住廉租房，又不能购买经济适用房的中等收入的家庭，以及新进入城市工作的大中院校毕业生和进城工作的农民工，都需要价格适中的出租房；另外，还有一批经济条件虽好，但由于多种原因不想买房的居民户和个人，他们需要租赁条件较好的住房。目前在我国大中城市可供租赁的房屋主要是居民户空闲的房屋，租赁价格一般都比较高，许多经济条件较差的大中院校留城工作的毕业生和进城的农民工不得不采取合租的方式，几

个人甚至十几个人挤住在一套住房内，谈不上安居，还经常会发生一些社会问题。

我国当前处在工业化、城镇化高速发展阶段，城市不断扩容，人口不断增加，房价不断上涨，原有居民和新进城的人员不可能都买房，非常需要采取多种形式解决广大居民的基本住房需求。因此，我国也应该发展多层次的住房租赁市场。就是说，也要为不能或不想买房的居民提供不同档次和价格合适的租赁房。

为此，建议各城市政府建立执行过去房管所职能的商品房租赁公司。这种公司应该是国有非盈利公司，政府采取购买转让、补助建房或购房等方式支持这类公司的建立，由他们成批购买或建设商品房，作为商业出租房，用比日常维护和管理成本稍高一些的价格出租给收入较低，不能租用廉租房但又买不起房屋的阶层；采用市场价格出租给经济比较富裕但不想买房的居民。政府同时要制定相应的法律法规规范这类公司的运作。目前房地产业低迷时期是成立这种公司的最好时机，因为他们可以较低的价格成批购买开发商卖不出去的房屋，不会引起社会的不良反应，同时可起到为房地产商解困的效果。

另外，对直接开发租赁商品住房和把一部分卖不出去的商品住房用于租赁的开发商，以及居民出把自己多余住房的行为也要制定相应的法律法规进行规范，并由有关部门进行日常检查和监督。

四、政府应在提高居民住房质量和自有率方面发挥积极作用

从国际经验看，大多数国家都制定过针对住宅市场的专门政策，并通过各类公共部门参与住宅市场的历史。住宅政策主要包括四类：税收政策、房价和租金管制、土地利用和建设限制、融资。典型的做法包括：发展抵押债券市场、投资激励、公共住宅提供、住宅和城市改造、税收和消费激励等。近年来，尽管税收补贴有所下降，但是大多数国家仍然将其视为支持及改善住宅质量和自有率的政策体系的组成部分，即对抵押贷款提供税收补贴。

我国应积极借鉴国际经验和做法，促进我国住宅质量和住房自有率的提高。从我国的现状看，我国已有住宅政策主要分两类，一是规划，土地利用和建设的限制和规范；二是融资。近年来正在加强的住宅政策是公共住宅的建设和低收入群体的住房保障。需要注意的是，我国住宅融资政策和国外有较大差异，我国住宅融资政策取向以风险防范为主，激励的成分较少，而国外尤其是发达市场经济国家，一是通过成立准政府机构促进抵押和抵押债券市场的发展，提高抵押市场的流动性，降低住宅抵押贷款的融资成本，以提高住房支付能力。二是通过财政投融资保障购房资金的取得不受经济的影响。购房资金最重要的是在不受经济动向影响下稳定供应，以保证家庭在不同生活阶段的必要时期能够取得住房。另外，贷款的偿还应该控制在购房家庭偿付能力限度内，使之能够比较容易制订还款计划，并确保还款负担稳定。日本的住宅金融公库为了满足这些要求，以财政投融资资金为资金来源，进行长期低息资金贷款。利用长期低息的公库融资，使低收入家庭也有可能购置住房。住宅金融公库自从设立以来共向约 1500 万户进行了融资，约占二次世界大战后日本住房建设总户数的 25%。从实现对住房进行政策性引导的目标来看，住宅金融公库发挥了重要作用。

五、政府应利用住宅建设计划引导并形成科学合理的住房建设和消费模式

使用住房建设计划（或规划）引导全社会的住房建设，是一些国家政府在完善居民居住条件的过程中采用的办法。如日本住宅建设五年计划从第一期计划（1966—1970 年）开始已经执行了 8 期。各个时期的内容虽有不同，但其目的可分为两大类，即第一期和第二期的目的主要是确保住房数量，第三期以后的目的主要是提高住房的质量。日本住宅建设五年计划的主要特点，一是根据法律制定持续性的计划；二是政府介入的住房综合计划，住宅建设五年计划在确定了包括民间建设住房的所有住房建设目标的同时，明确了作为政府主管部门的中央机关所管辖的各种政策性住房，以及由国家或地方政府提供财政援助的"政府资金住房"的建设量；三是明确最低居住水平；四是设定引导性居住标准；五是对住房建设总套数的预测和充实住房统计。

2007年下半年以来，在住宅和城乡建设部的要求下，各个城市相继制定并公布了2008—2012年住房建设规划，但由于中央政府没有相应制定住房建设计划，政策导向不明确，不利于市场预期的形成和住宅市场的稳定发展。

第三节　保障基本住房需求

我国地少人多，当前又处在工业化、城镇化高速发展阶段，这种国情决定了我国的房地产发展必须以解决广大群众的基本住房需求为目的，也决定了以投资或投机为目的的住房需求必须受到限制。要充分利用税收、利息等手段，严格限制投资和投机需求，稳定住房市场价格。

一、确定低收入标准和基本住房标准

针对过去廉价房销售中出现的违规行为，要建立严格的收入划分标准和资格审查制度，收入划分可采取美国按比例划分的标准，根据国家财力确定比例，再定标准线；资格审查要建立"四只眼"的双人评估制度，拒绝弄虚作假行为。在此基础上，规定不同的低收入阶层所能享受到的保障待遇，对属于收入最低水平的家庭提供廉租房，为其他的低收入者提供政府或其委托的公司管理的普通出租房。要严格控制不同保障手段和水平的对象与范围，使低收入居民成为真正的受惠者，其中独身老年和孤儿应纳入保障体系。收入水平要动态监测，发生改变的情况下，要通过税收等杠杆加以调节。而且随着总体收入水平的提高，保障标准也相应提高。

二、向低价房开发者提供优惠

建议在中央财政预算中明确规定每年拿出一定比例的资金作为住房保障资金，加大公共住房的提供。除了由于廉租房的建设和对普通出租房的补贴之外，还可运用住房保障资金支持参与低价住房建设的房地产开发商，鼓励开发商建设物美价廉的商品住房。具体办法是对建造低成本房屋的用地成本，由政府在开发商交房时按一定标准给予补偿。而且应该鼓励政策性银行在风险可控的前提下，向低价房建设的房地产开发商提供融资服务，规定以低于市场利率1～2个百分点的利率为开发商提供贷款；各级政府降低甚至免除其获得土地使用许可的费用，由政府拨款在项目周围兴建道路、学校及医疗机构等配套设施。建设地点也不要在远郊区，而是要与其他商品住宅相比具有一定的竞争优势。

三、增强对低收入家庭住房消费的财政扶持力度

随着国家财政收入不断增加，政府有能力逐步增加财政资金对住房保障的支持力度。除发放住房补贴外，还可对以市场价租赁住房的困难家庭实行租金补贴政策，补贴资金主要由职工所在单位核发，退休人员和无业人员由财政给予补贴，补贴标准应与廉租房政策有所区别。也可推广部分城市实行的中低收入家庭购房贷款贴息政策，并随着房价的上涨调整计算贴息的房价。对城镇居民中的无房户，可在购买住房时享受一定额度的财政贴息，分年度发放。

四、运用税收杠杆遏制投机行为

应适当调整税收政策，对商品房交易中的营业税、个人所得税、契税进行适当调整，减少对商品房交易的税收优惠，在自有唯一住房、小面积住房方面实行优惠，鼓励合作建房等形式的发展。对于房屋炒作可采取法国政府的做法，对其课以重税，可在现行的营业税、个人所得税、土地增值税中实行加成征收。择机开征物业税，对多套住房实行调控，减少房地产投机现象。可以考虑按家庭、个人拥有住房总面积征收"超面积住房土地使用费"，实行超

额累进。为节约人力，可以每 5 年核定一次住房面积，每 5 年提高一次征收标准。缴费则一年一缴，这也可以在一定程度上减少房地产投机现象。提高房地产转让税率，对拥有 3 套以上住宅的居民户转让房地产课以 60％的高标准转让税。

第四节　规范房地产业发展的措施

多年以来，我国的房地产市场秩序一直比较混乱，要保证房地产业的健康发展，必须整顿和规范房地产市场，促使开发商自律，规范政府行为。为此，本书提出以下建议。

一、加强对房地产业和住房的法律和制度建设

近几年我国在房地产建设和住房制定方面出台了不少法律法规和制度，但有些是为解决出现的问题"头痛医头。脚痛医脚"，匆忙制定的，缺乏认真的可行性分析，而且缺少执行的细则，难以贯彻执行，如 90/70 的政策。当前我国房地产市场发展正处于一个敏感和关键的时期，市场运行中暴露出很多问题，如住房供应结构不合理、房价总体偏高、很多中低收入者买不起房等。为防止房地产开发活动出现大起大落，要在稳定的前提下加快各项改革措施和相关政策法规和制度的出台和落实，逐步解决存在的问题，引导市场走向健康的轨道。

二、发挥行业协会的作用

整顿和规范市场秩序，促使开发商自律，规范政府行为，是保证房地产市场健康发展的重要途径。但光靠政府去规范市场，容易形成行政干预，往往费力不讨好。发挥行业协会或商会的作用规范开发商的市场行为，要相对容易一些。

作为非政府组织的行业协会和商会的一般职责包括：（1）作为政府和企业联系的桥梁，代表企业与政府沟通，向政府反映企业的意见，同时向企业宣传政府的政策；（2）制定行业技术标准和准入标准，不断提高本行业企业的技术和质量档次，满足产品用户和消费者的需求，提高企业竞争力；（3）促进本行业企业自律，维护行业内企业公平竞争的秩序，防止无序竞争给企业带来危害，防止哄抬物价和生产假冒伪劣产品，保证产品用户和消费者的利益；（4）保障企业的合法权益，使其不受政府不公平政策和其他方面的伤害。

目前，我国已成立了一些房地产协会和商会，但基本没有真正实现上述职能，尤其是没有履行制止无序竞争和行业自律的职责，也没有履行与政府沟通的职能。协会和商会的职能不到位，使我国房地产业处于不规范的状态，国家和用户都不满意，也损害了房地产企业的合法权益。

为使我国的房地产协会和商会真正起到应有的作用，必须彻底改变目前大多数协会和商会形同虚设的现象，由企业自发或由政府协助企业建立协会和商会，让企业在其中发挥更大的作用。政府应该把行业标准和价格调控等职能下放给协会和商会，并支持他们履行职能，同时对其加强监督，防止出现不履行职责的现象发生，保证房地产业健康发展。

三、完善住房公积金制度

按照国家的规定，我国的大中城市都建立了住房公积金制度，成立了几百个公积金管理中心并积累了可观数量的资金。但在公积金的使用方面一直难以令人满意，主要是在管理方面缺乏规范的制度。

目前我国城市住房公积金贷款利率低于银行的按揭贷款利率，因而被认为是鼓励低收入家庭购房的政策工具。但该体制并没有能够实现其"让穷人承担得起"的目标。因为按国家的规定，住房公积金是以就业为基础的，不涉及那些非正式职业、兼职和失业者的家庭。大多数有工作的低收入家庭都不在政府部门、大中型企业或者公共事业部门工作，因此不能够获得住房公积金贷款；一些国有企业改制之后的下岗职工和退休职工，虽然过去缴纳过公积金，但随着离职被退还，也不能使用公积金贷款；一些经营困难的企业已不能向职工的住房公积金账户存款，其职工也不能享用住房公积金。因此，可以说公积金的潜在受益人群体只是城市就业人口的一小部分，即主要是那些经济情况较好的国有企业和那些最不可能下岗甚至享受特权的职工。由于房价不断上涨，一些低收入职工买不起住房，使住房公积金贷款成为高收入家庭的专利。另外，还有一些职工不想买房，但他们仍然被迫以低于市场水平的存款利率按月存入公积金的存款。

从近几年审计部门和其他渠道公布的信息看，一些城市的住房公积金的管理存在腐败和被滥用的问题。根据住房公积金管理的监管规定，住房公积金管理中心只负责资金吸收和保值增值。接受贷款申请、结算、开户、吸收存款和还款等任务都转移到了银行。尽管如此，在许多地方，仍然是当地的管理中心而不是银行在负责上述任务。这样一来，管理中心实际上就变成了金融机构，而银行仅仅是这些管理中心的出纳。

要使公积金真正成为能够实现其"让穷人承担得起"的目标。必须对目前的公积金体制和制度进行改革。一是公积金的缴纳结构和使命决定了住房公积金应被设计为银行贷款的补充而不是竞争者。其定位应该是独立或与银行联合，为难以从银行获得贷款的低收入家庭购买住房提供贷款。二是改变住房公积金成员的存款和贷款利率都低于市场利率的做法。因为这种做法损害了缴纳公积金职工的利益，是为少数幸运的借款人的利益而减少对广大存款人的回报。三是要提高其覆盖面，把补贴职能从金融功能中分离出来，住房公积金贷款应采用市场利率，由政府对低收入家庭的公积金贷款给予贴息。四是住房公积金在贷款发放和服务方面要采取统一的国家标准，彻底改变几百个住房公积金采取各种各样的放贷标准和文件要求的情况，以提高公积金运作的系统效率。五是为减少贷款风险，住房公积金可以向全国性保险公司购买抵押贷款违约保险，或者将其一部分资产证券化来分散风险。六是扩大公积金的吸纳范围，允许不在目前公积金收缴范围的居民加入公积金并能从公积金获得购房贷款。七是加强对公积金的监管，防止和杜绝公积金管理者的营私舞弊和随意挪作他用的行为。

第七章　结论与展望

　　本书首先通过对部分国家和地区住宅建设调控政策的对比分析发现，国外对住宅市场调控的研究和实践已经相当充分和丰富，但由于国情不同、住房市场发展阶段不同，我国对住宅建设调控的认识和消化吸收还存在差异，因此国外对成熟住宅市场调控的理论体系与实践模式对我们指导有限；其次总结研究了自我国房改以来，城镇住宅建设的发展情况和政策调控的实践效果，虽然关于住房市场调控的研究正在日渐丰富，但对照当前已经取得的调控效果和我国住房市场发展阶段的调控要求，调控政策的体系性研究无论是在理论还是在实践上仍不完善。综上所述，由于国外针对城镇住宅建设的调控政策体系没有成熟模型、国内在理论和实践方面还比较薄弱和欠缺，因此制定和完善符合我国国情的调控政策体系，对于我国住宅建设调控实践有着重要的理论和现实意义。本书的研究框架是：首先，对我国城镇住宅建设的发展情况和城镇居民住房状况进行了总结，并对未来十年我国城镇住宅建设的投资需求进行了预测分析；其次，总结和梳理了2003年以来我国住宅建设调控政策实践取得的经验教训，对调控效果不佳的深层次原因进行了剖析；再次，对政府与市场的关系、在调控住房市场中所承担的角色和采用的政策工具组合作了系统的研究；最后，对城镇住宅建设调控政策体系进行了理论模型设计，并给出了近期加强我国城镇居民住房建设的可行性政策建议。

　　通过对上述内容的研究分析，本书得出了以下几点具体结论：

　　（1）城镇住宅建设调控政策体系不完善的原因可归因于三个层

次：一是欠缺对体系外部环境的约束性分析，缺乏统一的目标体系指引；二是各种手段的自身功能不完善；三是发挥直接和间接调控作用的工具组合之间配合不协调。

（2）由此，在遵循市场调控内在规律的前提下提出了城镇住宅建设调控政策体系模型的思路设计。给出了总体目标与指导原则，改进了调控的方式与手段，细化了各项调控的具体措施，设计了体系发挥调控作用的运行机制。总体目标是：平衡城镇住房供需总量、优化供需结构、规范住房市场、保持住房价格合理稳定，建设节能环保型住宅。指导原则是：发挥政策作用缓解市场失灵，纠正扭曲价格、因地制宜、利益协调与综合调控。运行机制中调控的切入点与方法是：住宅市场发展的宏观阶段性与住房项目建设实施的微观生命周期相结合，从宏观调控与微观管制的角度综合运用多种政策调控工具。最后从经济、社会和环境的可持续发展三个方面具体细化了调控内容，建立了调控指标体系，更明确了实现调控目标需要协调运用的政策工具组合。

（3）最后，在上述理论模型的基础上研究了加强我国城镇居民住房建设需要解决的问题，提出了可行的政策建议。第一，要解决的问题是要正确认识市场经济条件下城镇住房建设的规律，要提高政策调控的有效性，控制房价过快上涨的政策要系统考虑、对症下药；第二，建议政府理清在实现目标中的责任，制定住宅建设计划，加大廉租房的建设力度，重视和发展多层次的住房租赁市场，完善住房公积金制度，对低价房开发商提供优惠，运用税收杠杆规范购房行为，增强对低收入家庭住房消费的扶持力度，合理进行金融调控，切实发挥协会和商会的作用。

我国城镇住宅建设调控政策体系的制定和实施是个复杂的系统工程，既要考虑到市场机制的作用，也要考虑到各利益相关方的关系协调。对国内外已实施的住宅市场调控政策进行综合分析时，虽然国外住房市场发展相对比较成熟，但不同国家和地区对住房建设调控的背景、文化、政治、住房消费观念等方面与我国不同，有的甚至差异很大，因此这些经验可供借鉴的程度有限。我国的房地产市场起步较晚，一些实证数据还比较欠缺，经验总结还不够完善，由于思考和探索的局限，本书对有些问题虽然开展了有益的讨论，但不够深入，缺乏政策组合使用对住房市场调控效果的实证分析和验证，因此文章中的观点与建议是否可行，还需要在实践中进行检验。

附 录 一

我国劳动力总量 2009—2020 年变化趋势分析

贾一苇

一、我国劳动力总量中长期变化趋势分析

充裕的劳动力供给是助推我国经济增长的主要因素之一，对于我国未来何时进入劳动力短缺时代，不同研究预测结果不同。本文对我国未来劳动力供给数量的预测主要是从人口总量预测的角度出发，假定一些最基本的变量，例如死亡率或者预期寿命水平，从而推测出各个年龄阶段的人口数量。

本文首先根据 2007 年全国人口变动情况抽样调查样本数据（抽样比为 0.900‰）推算出未来 13 年内适龄的劳动力数量，然后再分析影响我国劳动力结构的因素。我国劳动力范畴的统计分类把劳动力资源界定为男性 16 到 60 岁，女性 16 到 55 岁，为正常情况下可能或实际参加经济活动的劳动力，但实际上参与经济活动的劳动力突破年龄限制，因此本文把研究对象界定为 15 到 64 岁的劳动力，分别推算 15~24、25~54、55~64 岁的适龄的劳动力数量。

推算思路是，以 2007 年统计年鉴中全国分年龄、性别的人口数为依据，2008 年 15~64 岁的劳动力资源主要由 2007 年时候的 14~

63 岁男女人口组成，并依此类推 2020 年 15～64 岁的劳动力资源主要由 2007 年时候的 2～51 岁男女人口组成，再去除 2007 年各年龄阶段人口数成为适龄劳动力时的各年死亡人数。对于死亡率的假定参考了中国人口和就业统计年鉴上各年龄组及各组内男、女的平均死亡率（2006 年 11 月 1 日至 2007 年 10 月 31 日），这样就计算出了未来 13 年的分性别、分年龄组的劳动年龄人口数量。

2020 年以前各年的劳动力资源数量推算公式是：

N＝Ye－Yo　Ye＝预测的年份　Yo＝基期年份（2007 年）

参数说明：N 代表推算年份距离基期年的时间间隔；Pi 代表全国 2007 年 i 岁人口数，i 的取值范围是（15—N）～（64—N），Di 是根据 2008 年中国人口和就业统计年鉴，全国分年龄、性别的死亡人口状况（2006 年 11 月 1 日至 2007 年 10 月 31 日）中对应的分性别、分年龄组的死亡率。

附表 1-1　分性别、分年龄组的劳动年龄人口数量（单位：万人）

年　份	15～24			25～54			55～64			15～64		
	男	女	总和	男	女	总和	男	女	总和	男	女	总和
2007	10106	9618	19724	31023	31567	62590	6992	6810	13803	48121	47996	96117
2008	10409	9762	20171	30755	31415	62170	7410	7240	14649	48573	48867	96990
2009	10645	9798	20443	30388	31164	61551	7859	7721	15580	48891	49167	97574
2010	10890	9854	20745	30030	30881	60909	8279	8171	16449	49199	49414	98104
2011	10957	9731	20689	29840	30794	60633	8567	8508	17074	49364	49557	98396
2012	10816	9468	20286	29699	30706	60402	8889	8854	17742	49404	49611	98430
2013	10677	9231	19911	29675	30671	60343	9087	9082	18167	49439	49549	98420
2014	10292	8813	19108	29965	30925	60886	9015	9055	18068	49272	49432	98062
2015	9779	8325	18107	30507	31334	61836	8819	8914	17730	49105	49216	97673
2016	9462	8031	17496	30897	31605	62498	8526	8667	17188	48884	48961	97182
2017	9098	7726	16827	30822	31367	62184	8561	8759	17315	48481	48643	96327

续　表

年　份	15～24			25～54			55～64			15～64		
	男	女	总和	男	女	总和	男	女	总和	男	女	总和
2018	8706	7342	16051	30407	30856	61257	8948	9200	18142	48061	48109	95451
2019	8437	7088	15529	30086	30418	60499	9055	9359	18408	47579	47652	94436
2020	8156	6801	14961	29757	29947	59700	9200	9539	18732	47114	47070	93392

资料来源：分别根据《中国统计年鉴》（2008），《中国人口和就业统计年鉴》（2008）数据推算得出。

从数据中可以看出 15～64 岁劳动力年龄人口总量变动的趋势：我国的劳动力资源总数将维持在一个较高的水平，在 2012 年有一个运行高峰（参见附图 1），数值在 98 000 万人左右波动，之后大体上呈现下降趋势；参加经济活动的劳动力，也就是"有效的劳动力供给"的核心部分由 25～54 岁的黄金年龄阶段劳动力群体构成，该阶段的劳动力年龄人口供给总量比较稳定，维持在 61 000 万人左右，在 2016 年达到运行高峰，与 2007 年总量基本持平；55～64 岁人口总量大体呈上升趋势，可见我国老年从业人员随老年人口的增加而增加，2020 年将达到 18 732 万人。

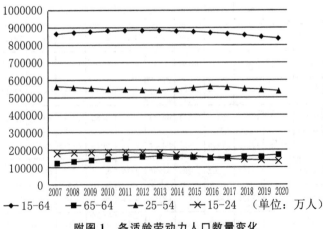

附图 1　各适龄劳动力人口数量变化

推算的结果显示 15～64 岁劳动力年龄人口总量在 2013 年后大体上呈现下降趋势，出现上述情况的原因在于：一是本文主要依据 2007 年人口统计年鉴的数据。据相关研究，统计年鉴的数据略高于人口普查数据，但由于人口普查数据的年龄阶段划分较粗，因此采用了人口与就业统计年鉴；对未来死亡率假设过高，本次采用统计年鉴中全国分年龄、性别（2006.11.1—2007.10.31）的死亡率数据，但根据统计年鉴中 1997—2007 年死亡率统计显示，2007 年死亡率为近十年最高值。

二、我国从业人员年龄结构的变动趋势分析

从预测数据可以看出未来从业人员年龄结构的变动将是影响未来社会经济发展的一大因素。

未来 15～24 岁和 25～54 岁青壮年从业人员占总从业人员的比重将有降低趋势，与之相对应，未来 55～64 岁的相对高龄从业人员和 65 岁及以上老年从业人员的比重将会提高，根据人自身的生理机能变动规律和人力资本积累的规律，强壮年劳动力的减少和相对高龄劳动力的增加，对未来劳动力素质、生产率水平产生极其重大的影响。由于人口年龄结构老化，新增劳动力减少，产业规模化经营所需要的新技术结构的劳动力主要来自对新增劳动力和老龄劳动力的培训和教育，但由于高龄劳动力的流动性差、重新培训的费用高、接受新技术速度慢，很难适应产业调整的需求。这就会造成社会的结构性失业，即合乎要求的劳动力短缺，而不合乎要求的劳动力剩余。其后果将可能是社会失业率的上升、劳动生产率下降、社会总产出下降、经济发展速度减缓。这将是 2020 年后中国经济生活中的主要矛盾。这些矛盾要求我们在 2016 年之后要采取不同的人口、产业、教育培训、就业等对策予以应对。

（此文原载于《北方经济》2009 年第 23 期）

附 录 二

我国城镇住房中长期发展投资需求预测分析

贾一苇

一、"十一五"时期的城镇住宅投资需求

1. "十一五"时期年均新建住宅面积

按照美国的经验数据，每年新建住宅单位量在人口的1‰～2‰之间变动。以美国的经验推算，我国"十一五"时期新建住宅套数的变动区间是3000万～6000万套之间，年均在600万～1200万套之间（见附表2-1）。根据国家规定：在新建住宅中普通商品住宅所占比例为60％以上，经济适用住房等保障型住宅比例占到15％～20％。新建普通住宅（含经济适用住房）每套建筑面积一般为：保障型住宅面积在40～60平方米，经济型住宅面积在60～80平方米，舒适型住宅面积在80～100平方米，平均每套住宅的面积大约为80平方米。按此计算，年均新建住宅面积变动范围在4.6亿～10.3亿平方米之间。

附表2-1 对"十一五"新建住宅套数的估计

年 份	城镇人口（万人）	新建住宅套数（万套）	
		按城镇人口的2%	按城镇人口的1%
2006	57706	1154	577
2007	59379	1188	594

续　表

年　份	城镇人口（万人）	新建住宅套数（万套）	
		按城镇人口的 2%	按城镇人口的 1%
2008	61001	1220	610
2009	62667	1253	627
2010	64416	1288	644

根据国家统计局公布的数据，2006 年我国城镇户均人口为 2.95 人，[①] 年城镇人均住宅建筑面积为 27.1 平方米，由此推算，城镇户均住宅建筑面积约为 80 平方米。那么，2006 年城镇新建住宅 577 万～1200 万套就相当于新建住宅 4.62 亿～9.60 亿平方米。国家统计局公布的数据显示，2006 年我国城镇新建住宅 6.30 亿平方米，实际运行结果落在了预测变动区间之内，其他年份的情况基本相似。

2.“十一五”时期竣工住宅建筑面积需要 59 亿平方米

改革开放以来，在城镇人口不断增加的同时，人均住房面积不断扩大。“十五”时期，我国城镇新建住宅面积总计为 29.53 亿平方米，年均 5.91 亿平方米；城市人均住宅建筑面积由“九五”期末的 20.3 平方米增加到“十五”期末的 26.1 平方米，[②] 年均增速为 5.84%，全国城镇住房面积的保有量应该是 146.68 亿平方米。[③]

根据“十一五发展规划”，到 2010 年，我国城镇居民人均住房建筑面积将达到 30 平方米。按前面的预测，按城镇化率 48% 计算，我国的城镇人口到 2010 年将达到 6.44 亿人，需住房 193.20 亿平方米。“十一五”期间要增加住房建筑面积 46.52 亿平方米；按城镇化率 47% 计算，我国的城镇人口到 2010 年将达到 6.30 亿人，需要增加住房建筑面积 42.32 亿平方米；按两者的中值数计算，2010 年的人口为 6.37 亿人，住宅面积应该有 191.10 平方米，比 2005 年增加

① 国家统计局编《中国统计摘要》（2008）。
② 国家统计局编《中国统计摘要》（2008）。
③ 根据建设部《2005 年城镇房屋概况统计公报》，2005 年城镇住宅面积为 107.69 亿平方米。但根据《中国城镇居民“房情”大盘点》测算，到 2006 年年底，全国城镇住宅建筑总面积在 100.65 亿平方米左右。

44.42亿平方米。如果原有旧住宅每年按2％的比例拆迁重建，5年合计10％，总面积为14.67亿平方米。按城市化率47.5％计算，"十一五"时期就需要新建住宅59.09亿平方米，平均每年11.82亿平方米，比"十五"时期平均每年高出103.0％，即"十一五"期间需要增加的住宅面积要超出"十五"时期1倍。2006和2007年城镇分别竣工住宅6.30和6.61亿平方米，后3年还需要竣工46.18亿平方米，平均每年竣工15.39亿平方米。

2006和2007年房地产开发住宅竣工分别为5.58和6.06亿平方米，分别占88.6％和91.7％，表明我国城镇住宅的建设主要是依靠房地产业的商品房建设提供。如果按商品住宅建设面积占城镇住宅面积的90％推算，5年中城镇需要竣工商品住宅53.18亿平方米，平均每年需要建设10.63亿平方米。要满足需要的话，后三年还需要房地产开发商建造住宅41.54亿平方米。根据国家现在规定商品房户建设每套90平方米以下占70％，经济适用房和廉租房所占比例和每套面积的限制政策，今后几年城镇新建住房的每套平均面积大约为80平方米，3年需要建住宅5773万套；平均每年建15.39亿平方米，1924万套；超出附表2-1所列出的范围。其中房地产开发住宅所占比重按90％计算，平均每年要建13.85亿平方米，1731万套。房地产商需要完成的建设数量还是相当大的，从目前的情况看，很难完成。

二、"十二五"和"十三五"时期我国城镇住房建设目标

党的十六大报告提出了20年全面建设小康社会的奋斗目标：到2020年，我国国内生产总值比2000年翻两番，按2000年不变价格计算，达到36万亿元人民币以上，国家综合国力和国际竞争力明显增强。我国人均GDP将超过3000美元，达到中等收入国家水平，人民的小康生活水平和富裕程度将显著提高。全面提高城乡居民的居住水平是达到小康水平的重要指标，在人均住房面积呈现大幅度增长的前提下，城乡居民的居住质量和居住环境都要得到明显改善和提高。在迈向中国小康社会的过程中，居民对住房的要求将从满足生存需要，向实现舒适型转变，"户均一套房、人均一间房，功能配套，设备齐全"成为小康住房标准。在"十一五"规划期末，我国城市居民奔小康体现在住房上主要是居住面积的增加，而在后十年中则体现为居住品质的提高。

建设部政策研究中心"全面建设小康社会居住目标研究"课题组提出了到 2020 年全面小康社会居住目标指标体系，包括住宅数量、质量与品质、配套设施、环境与服务、消费支出等 5 个方面指标（见附表 2-2）。

附表 2-2 "十一五"时期及 2020 年全面小康社会城镇居民居住目标

类 别	指 标	2010 年	2015 年	2020 年
一、住宅数量	人均住房建筑面积（平方米）	30	33	35
	最低收入家庭人均住房建筑面积（平方米）			大于 20
二、住宅质量与品质	住宅成套率（％）	85	90	大于 95
	新建节能住宅比率（％）	60	70	80 以上
	新建住宅安保智能化率（％）			70
	新建住宅网络信息化率（％）			75
	住宅居住品质（定性）			
三、住宅配套设施	供水普及率（％）	86	90	95
	用气普及率（％）	75	80	85
	污水处理率（％）	65	70	75
	生活垃圾无害化处理率（％）	45	50	55
四、居住环境与服务	人均公共绿地面积（平方米）	6	7	8
	物业管理服务（定性）			
	社区居民公共服务便利程度（定性）			
	社区居民出行交通便捷度（定性）			
五、居住消费	人均年住房消费支出占消费支出比例（％）	20		25

资料来源：2010 年和 2020 年的数据来自国家建设部政策研究中心课题组关于《全面小康社会的居住目标》，2015 年的数据由笔者推算得出。

建设部政策研究中心课题组的指标是 2002 年提出的，实际上经过近几年的发展，其中一些指标已显得落后。如按目前廉租房的建设和居住标准，2010 年最低收入家庭人均住房建筑面积就会超过 25 平方米，

1. 全面小康社会确定的房地产需求

全面小康社会居住的总体目标是：到 2020 年，居住数量与质量全面提高，彻底解决建筑质量通病，居住区规划布局合理、文化特色突出，配套设施齐全、现代，居住条件舒适、方便、安全，居住区内外环境清洁、优美、安静，住区服务质量优异，社区公共服务便利，实现以人为本、充分满足发展需要的小康居住目标。

根据建设部政策研究中心的《全面建设小康社会居住目标》，到 2020 年，城镇人均住宅建筑面积达到 35 平方米、居住条件要得到全面提升，实现以人为本的发展目标。

根据前面的测算，到 2010 年我国的城镇人口按城镇化率 48% 计算，将达到 6.44 亿人左右，比 2005 年的 5.62 亿人增加 8200 万人，平均每年增加 1640 万人；如果按城镇化率 47% 计算，将达到 6.30 亿人左右，比 2005 年的 5.62 亿人增加 6800 万人，平均每年增加 1360 万人。两者的平均数为每年 1500 万人，按此计算，预计 2010 年的城镇人口在 6.37 亿人左右；预计到 2015 年，我国城镇人口将达到 7.05 亿～7.19 亿人，中值数为 7.12 亿人。以中值数为计算基数，按到 2015 年平均每人 33 平方米建筑面积推算，城镇住房建筑面积总量要达到 234.96 亿平方米；到 2020 年，全国的城镇人口约为 7.9 亿，按照住房全面小康"人均 35 平方米"的目标，届时全国城镇居民住房的建筑面积总量应为 276.50 亿平方米。

根据城镇人口和人均住宅建筑面积推算，到 2005 年年底，全国城镇住宅建筑面积 146.68 亿平方米，以此为计算基数，到 2010 年全国城镇居民住房建筑面积总量为 191.10 亿平方米；到 2015 年全国城镇的居民住房建筑面积总量为 234.96 亿平方米；在"十二五"期间要新建 45.86 亿平方米；到 2020 年要实现全面小康的住房目标需要，城镇的居民住房建筑面积总量为 276.50 亿平方米，"十三五"时期全国城镇净增加的居民住房建筑面积总量 42.54 亿平方米。在我国城市居民奔小康体现在住房上前十年主要是居住面积的增加，而在后十年中则体现在居住品质的提高，住房拆迁重建的比例会有所增加。假设 2006—2010 年，2005 年原有旧住宅每年按 2% 比例拆迁重建，2011—2020 年每年按 2005 年 3% 比例拆迁重建，"十二五"时期全国城镇居民住房拆迁重建建筑总面积为 22.00 亿平方米，"十三五"时期全国城镇居民住房拆迁重建建筑总面积也为 22.00 亿平方米（见附表 2-3）。

附表 2-3　全面小康社会时期城镇住房投资需求预测（亿平方米）

序　号	指　　标	年　份	数据测算
1	城镇住房建筑面积需求量	2005 年	146.68
		2010 年	191.10
		2015 年	234.96
		2020 年	276.50
2	城镇住房建筑面积净增加需求量	2006—2010 年	44.42
		2011—2015 年	43.86
		2016—2020 年	41.54
3	城镇住房拆迁重建建筑面积数量	2006—2010 年	14.67
		2011—2015 年	22.00
		2016—2020 年	22.00
4	城镇住房建设总需求量	2006—2010 年	59.09
		2011—2015 年	65.86
		2016—2020 年	63.54

2. 建设全面小康社会的住房投资预测

2007 年我国城市建设的各类房屋建筑造价全国平均每平方米约为 1661 元，如果按 2007 年的竣工价格估算，在"十一五"时期需竣工的住宅投资将为 9.80 万亿元；在"十二五"时期需竣工的住宅投资将为 10.94 万亿元，比"十一五"时期增加 11.63%；"十三五"时期需竣工的住宅投资将为 10.55 万亿元，比"十二五"的投资要少 0.39 万亿元。

由于各种成本价格的上升，竣工房屋的造价要逐年上升，如果按平均每年上升5%计算，2010年每平方米工程平均造价将为1923元，[①]"十一五"时期竣工住房的平均造价1774元，"十一五"时期的竣工房屋造价应调整为10.29万亿元；"十二五"时期的平均造价为2454元，则"十二五"时期竣工的房屋投资总量需要16.16万亿元；"十三五"时期的平均造价为3141元，总投资需要19.95万亿元。

实际上，每个五年规划期间竣工的房屋有一部分资金是上一个五年规划时期投入的，同时有一部分投入的资金要在下一个五年规划竣工，由于造价的上升，每个五年规划的实际住房建设投资要高于竣工房屋的建设投资。如"十五"期间竣工房屋的平均造价为1273元，按竣工29.53亿平方米计算，总投资为3.76万亿元，但"十五"期间的住宅建设投资4.60万亿元，比前者高出22.34%。考虑到价格的上涨，在2011—2020年以高25%计，则"十二五"时期的城镇住房建设投资为20.20万亿元，比"十一五"期间的城镇住宅建设投资增加46.4%；"十三五"时期为24.94万亿元，比"十二五"时期增加23.5%。

（此文原载于《北方经济》2010年第1期）

---

① 每个五年规划时期的平均造价以中间年，即第三年的造价计算。

主要参考文献

[1] Abdullah Yabas, "A Simple Search and Bargaining Modle of Real Estate Markets", *Journal of the American Real Estate and Urban Economics Association*. 1992, (4).

[2] Allen, F. &. Gale, "D. Bubbles and Crises", *Wharton Financial Institutions Center Working Paper*, 1998.

[3] Park, B. G, "Where do Tigers Sleep at Night: The State's Role in Housing Policy in South Korea and Singapore", *Economic Geography*, 1998.

[4] Backus, D. , Kehoe, Kydland, P. , "International Business Cycles: Theory and Evidence", *Frontiers of Business Cycle Research*, *Princeton University Press*, *Princeton*, 1995.

[5] Berry, James, MeGreal, Stevenson, S. , Young, S. , James, "Government Intervention and Impact on the *Housing Market in Greater Dublin*", *Housing Studies*, 2001, 16 (6): 755—769, 15.

[6] Bordo Michael, Dueker. J. Michael, Wheelok. C. David, "Aggregate price shocks and financial instability: An historical analysis", *NBER working paper series* 7652, 2000.

[7] Dipasquale, D. , "Why Don't We Know More about Housing Supply?", *Journal of Real Estate*, *Finance and Economics*, 1999, (1).

[8] Qian, D. C. &. S. Titman, "Do Real Estate Price and Stock Price Move Together? An International Analysis", *Real Estate Economics*. 1999, (27).

[9] Grether, Mieszkowski, "The effects of land use on the Prices of adjacent housing", *Journal of Urban Economies*, 1980, 6.

[10] Grigsby, "Re-thinking Housing and Community Development Policy", *Pennsylvania Press*, 1977: 14.

[11] Vineent，G. & N. Nieo，"Government Regulation and Market orientation in the Management of Social Housing Assets：Limitations and Opportunities for European and Australia Landlords"，*European Journal of Housing Policy*，2007，7 (1)：45—62.

[12] Quigley，J. M.，"Real Estate and the Asian Crisis"，*Journal of Housing Economics*，2001，(10) .

[13] Harsman. B. Quigley， "Housing Markets and Housing Institutions in a Comparative Context"，*Housing Markets and Housing Institutions：An International Comparison*，*Kluwer*，1991.

[14] Hollingsworth，J. R. & l. Lindberg，"The Role of Market，Clan，Hierarchies and Associative Behavior in Private Interest Government. Beyond Market and State"，*Sage Publications Ltd*，1985：54—221.

[15] Jun Ma，"Macroeconomic Management and Intergovernmental Relations In China"，*The World Bank*，1995.

[16] Kindleberger，Charles，P.，"Asset Inflation and Monetary Policy"，*BNL Quarterly Review*，*no.*192，1995.

[17] Lundquist，L.，"Dislodging the Welfare State?"，*Delft University Press*，1992.

[18] Malpezzi Stephen，"Housing Price，Externalities，and Regulation in U. S. Metropolitan Areas"，*Journal of Housing Research*，1996，7：209—237.

[19] Mayo & Sheppard's，"Housing supply under rapid economic growth and varying regulatory stringency：an international comparison" .*Journal of Housing Economics*，1996，5 (3)：274—289.

[20] MeFarlane's，"Taxes，fees，and urban development"，*Journal of Urban Economics*，1997，46 (3)：416—436.

[21] Mostafa Morsi EI Araby，"The role of the state in managing urban land supply and Prices inEgypt"，*Habit International*，2003，27 (3)：58—429.

[22] Nash，John，"Equilibrium Point in Person Games"，*Proceedings of the National Academy of Sciences*，1950.

[23] Nash，John，"Non-Cooperative Games"，*Annals of Mathe-matics*，1951.

［24］Coulson，N. E. ，"Housing Inventory and Completion"，*Journal of Real Estate Finance and Economics*，1999，（2）.

［25］Oliver. E. Williamson，"Comparative Economic Organization：The Analysis of Discrete Structural Alternatives"，*Administrative Science Quarterly*，1991，36（2）：269—296.

［26］Hendershott，P. H. &. Sheng Cheng Hu，"Inflation and Extraordinary Returns on Owner-Occupied Housing：Some Implication for Capital Allocation and Productity Growth".*Journal of Macroeconomics*，1999，（2）.

［27］Quigley，J. ，"Why Should the Government Play a Role in Housing?"，*Theory &. Society*，1999，16（4）：201—203.

［28］Richard. K. Green，"Follow the Leader：How Changes in Residential and non-residential Investment Predict Changes in GDP"，*Real estate Economics*，1997，25（2）.

［29］Rondinelli Dennis，"Decentralization Public Services in Developing Countries：Issue and Opportunities".*Journal of Social、Political and Economic Studies*，1989.

［30］Salamon，L. M. ，"The Emerging Sector. "，*The Johns Hopkins University Maryland*，1994.

［31］Sock Yong Phang，"House prices and aggregate consumption：do they move together? Evidence from Singapore"，*Journal of Housing Economics*，2004，（5）.

［32］Stephen，A. P. &. W. L. Born，"Real Estate Valration：The Effect of Market and Property Cycles"，*The Journal of Real Estate Research*，1994，（4）.

［33］Tucker，Albert，"A Two-Person Dilema（unpublished）"，*Stanford University 60 mimeo*，1950.

［34］Tan Lee &. Jyh-Bang Jou，"There regulation of optimal development density"，*Journal of Housing*，2007，16（1）：21—36.

［35］Tumer，B. &. Malpezzi，"A Review of Empirical Evidence on the Costs and Benefits of Rent Control"，*Swedish Economic Policy Review*，2003，10：11—56.

［36］Wheaton，W. C. ，"Tiebout Mobility. Land Capitalization and the Role of

Zoning Regulations", *Journal of Urban Economics*, 1993: 342.

[37] 曹振良：《房地产经济学通论》，北京大学出版社，2003 年版。

[38] 曹剑光：《影响我国现阶段政策效应因素实证分析——以现行房地产调控政策为例》，《中共福建省委党校学报》，2007 年第 3 期，第 86—90 页。

[39] 柴强：《影响房价的几个理论问题》，《城市开发》，2005 年第 5 期。

[40] 陈东琪：《新政府干预论》，首都经济贸易大学出版社，2000 年版。

[41] 陈学会：《房地产业要素供给规制问题探析》，《经济问题》，2004 年第 9 期，第 20—22 页。

[42] 杜雪君：《房地产税对房价的影响机理与实证分析》，浙江大学博士学位论文，2009 年 6 月。

[43] 项卫星、李宏瑾：《市场供求与房地产市场宏观调控效应——一个理论分析框架及经验分析》，《经济评论》，2007 年第 3 期。

[44] 张跃庆：《完善房地产宏观调控体系实现房地产业可持续发展》，《房地产信息论坛》，2003 年第 12 期，第 42—45 页。

[45] 方梅、王剑秋、宋生华等：《房地产市场过热与政府失灵》，《中国房地产》，2006 年第 1 期，第 13—16 页。

[46] 郭洁：《论土地价格法律规制的若干问题》，《法商研究》，2005 年第 2 期，第 53—60 页。

[47] 韩万渠：《我国房地产宏观调控政策工具研究》，天津大学硕士学位论文，2006 年。

[48] 华震宇：《浅论新公共管理理论》，《现代商业：理论研究》，2007 年第 4 期，第 25 页。

[49] 方惜：《城市住宅开发中的城市政府微观管制研究》，厦门大学硕士学位论文，2006 年 6 月。

[50] 冯建农：《应强化政府对住宅工程质量的监管作用》，《开发与建设》，2004 年第 9 期，第 34—35 页。

[51] 金太军：《市场失灵、政府失灵与政府干预》，《中共福建省委党校学报》，2002 年第 5 期。

[52] 郭志涛、刘耀伍：《房地产信息公开制度的建立》，《科技与管理》，2007 年第 6 期。

[53] 黄贤金、王静等：《区域土地用途管制的不同方式》，《南京大学学报》

（自然科学版），2003 年第 5 期，第 411—422 页。

[54] 黄燕、贾俊丽：《我国房地产行业协会的功能及房地产行业协会发展建议》，《中国住宅设施》，2003 年第 6 期，第 5—6 页。

[55] 黄晓忠：《探求住宅小区规划设计之路》，《福建建筑》，2002 年第 10 期，第 21—23 页。

[56] 况伟大：《市场结构与北京市房价》，《改革》，2003 年第 3 期。

[57] 康春、周晓艳、田心尉：《对土地政策参与宏观调控的几点认识》，《土地使用制度改革》，2005 年第 9 期。

[58] 孔颖：《影响我国城市住宅市场供求关系的相关因素研究》，吉林大学硕士学位论文，2006 年，第 16—17 页。

[59] 刘文俭、姜亦凤：《市场经济条件下政府经济管理职能定位及其实现》，《青岛大学师范学院学报》，2008 年第 3 期，第 15 页。

[60] 刘宝香：《对我国住宅宏观调控政策的若干思考》，《山西财经大学学报》，2007 年总第 29 卷 1 期。

[61] 刘长发：《试论房地产市场中的政府管理越位和缺位》，《攀登》，2007 年第 2 期，第 77—80 页。

[62] 刘斌：《对房地产金融若干调控问题的思考》，《中国金融》，2003 年第 7 期。

[63] 李朝晖：《当前改革的关键问题》，《战略与管理》，2002 年第 1 期，第 110—111 页。

[64] 李宏瑾：《房地产市场、银行信贷与终济增长》，《国际金融研究》，2005 年第 7 期。

[65] 刘秀光：《基于房地产价格坚挺和经济管制的分析》，《学术论坛》，2007 年第 1 期。

[66] 刘敬伟：《非均衡条件下房地产价格变化的主要因素及动力机制》，《经济研究导刊》，2007 年第 6 期。

[67] 骆诺：《公共选择理论视角下的政府失灵及对策》，《湖南工程学院学报》，2007 年第 9 期。

[68] 罗龙昌等：《城市房地产开发规范化管理》，暨南大学出版社，1999 年版。

[69] 骆汉宾：《房地产开发中的若干问题及对策》，《城市开发》，1998 年第 5 期。

[70] 贺伯锋：《城市房地产开发宏观规范化管理研究》，暨南大学硕士学位论文，1998 年。

[71] 彭坤焘：《宏观调控下的住房开发特征研究》，同济大学硕士学位论文，2008 年 3 月。

[72] 宋春华：《建立有效的房地产市场调控体系》，《城乡建设》，2000 年第 3 期。

[73] 孙逊：《房地产行业管理断想》，《中外房地产导报》，1999 年第 3 期，第 13 页。

[74] 孙寒冰、李世平：《政策干预房地产市场合理性与有效性分析》，《理论导刊》，2005 年第 10 期，第 19—21 页。

[75] 孙荣、许洁：《政府经济学》，复旦大学出版社，2001 年版。

[76] 隋振江：《结合危旧房改造不断提高住宅区规划建设水平》，《北京规划建设》，1995 年第 4 期，第 29—32 页。

[77] 汤树华：《中国房地产实务全书》，新时代出版社，1992 年版。

[78] 唐晓莲、魏清泉：《房地产开发中的规划管理问题探析》，《城市规划》，2006 年第 4 期，第 51—53 页。

[79] 唐茂华：《我国房地产业发展的制度约束与政府管理》，《山西财经大学学报》，2005 年第 4 期，第 70—74 页。

[80] 袁志刚：《我国房地产泡沫的分析和控制》，《上海房协》，2004 年第 11 期。

[81] 朱宇、尹宏祯：《对我国房地产的宏观金融调控政策的效果评价》，《北方经济》（综合版），2006 年第 1 期，第 68—69 页。

[82] 张英佩：《我国房地产业宏观调控存在问题及政策建议》，《东北财经大学学报》，2006 年第 1 期，第 44—48 页。

[83] 张华、陈朋：《失效与救济：基于政府公共决策行为的分析》，《理论导刊》，2007 年第 3 期，第 91—93 页。

[84] 张伟、李汉文：《住房市场动态变化分析——对 2003 年来实施的房地产业宏观调控措施的评价》，《财贸经济》，2006 年第 5 期。

[85] 王广谦：《经济发展中金融的贡献与效率》，《中国人民大学学报》，1999 年第 6 期。

[86] 王成：《也谈房价高涨的原因》，《上海房地》，2006 年第 12 期，第 20—21 页。

［87］武少俊：《房地产——一个亟待规范的产业》，《金融研究》，2004 年第 3 期。

［88］向东：《房地产价格调控之困——兼议税收对房地产的调控措施》，《税务研究》，2006 年第 9 期。

［89］俞明轩：《成立应急委员会 综合调控住房价格》，《城市开发》，2005 年第 5 期。

［90］余凯：《论我国房地产合谋下的价格形成机制》，《兰州商学院学报》，2007 年第 4 期。

［91］［美］丹尼尔·F. 史普博著：《管理与市场》，余晖等译，上海三联书店，1999 年版。

［92］［美］曼昆：《经济学原理》，机械工业出版社，2003 年版。

［93］吴宝：《浅议市场经济下的税负转嫁》，《邢台职业技术学院学报》，2005 年总第 22 卷第 2 期，第 49—50 页。

［94］吴亚卓、吴英杰：《宏观经济调控研究》，北京邮电大学出版社 2005 年版，第 2、30 页。

［95］张建东、高建奕：《西方政府失灵理论综述》，《云南行政学院学报》，2006 年第 5 期，第 82—85 页。

［96］［美］詹姆斯·布坎南：《自由、市场和国家》，北京经济学院出版社，1988 年版。

［97］蓝志勇、陈国权：《当代西方公共管理前沿理论述评》，《公共管理学报》，2007 年 4 第 3 期。

［98］杨祖功、田春生、莫伟：《国家与市场》，社会科学文献出版社，1999 年版。

［99］杨波、杨亚西：《我国政府管理城市房地产存在的突出问题及其原因分析》，《当代经济管理》，2006 年第 3 期，第 47—51 页。

［100］杨龙、王骚：《政府经济学》，天津大学出版社 2004 年版，第 13 页。

［101］温海珍、贾生华：《市场细分与城市住宅特征价格分析》，《浙江大学学报》（人文社会科学版），2006 年第 2 期，第 156—157 页。

［102］文炳勋：《政府失灵理论研究》，《株洲工学院学报》，2005 年第 2 期。

［103］王建敏等：《市场经济与宏观调控法研究》，经济科学出版社 2005 年版，第 13 页。

[104] 王俊豪:《政府管制经济学论:基本理论及其在政府管制实践中的应用》,商务印书馆,2001 年版。

[105] 王健:《理顺宏观调控和微观规制关系》,《国家行政学院学报》,2002 年第 5 期。

[106] 王文成:《我国房地产价格演化机理及其相关调控政策的计量分析》,吉林大学博士学位论文,2008 年。

[107] 王庆春:《房地产开发调控的几个基本理论问题》(下篇),《城市开发》,2003 年第 12 期。

[108] 王洛林:《政府与企业:从宏观管理到微观管制》,福建人民出版社 1997 年版,第 228 页。

[109] 王洪泉:《商品房质量监控与工程施工的质量控制》,《中国房地产》,2003 年第 8 期,第 32—33 页。

[110] 钟华:《试论房地产业信息披露制度的构建》,《胜利油田职工大学学报》,2006 年第 3 期。

[111] 苑韶峰:《我国房地产市场现状与政府规制》,《价格理论与实践》,2007 年第 3 期,第 41—42 页。

[112] 张冀、王学才:《加强房地产行业协会自律的思考》,《当代经济》,2006 年第 7 期下,第 22—23 页。

[113] 张汉亚:《房价合理和稳定是房地产业发展的重要因素》,《中国投资》,2009 年第 4 期。

[114] 张汉亚、杨萍、汲凤翔、赵培亚、余芳东、翟善清、陈淑清、贾一苇:《实现我国城镇住房建设健康发展的思考》,《宏观经济研究》,2009 年第 3 期。

[115] 张汉亚:《房价合理与稳定需地方政府和开发商共同自律》,《投资北京》,2009 年第 9 期。

[116] 张汉亚:《不要把房地产当做"提款机"》,《中国房地信息》,2009 年第 10 期。

[117] 张汉亚:《政府调控要注意与市场的协调》,《中国投资》,2008 年第 9 期。

[118] 尹中立:《房地产调控与宏观调控的矛盾与出路》,《国际经济评论》,2007 年第 6 期。

[119] 于晓菲:《浅析我国房地产宏观调控政策的选择》,《山西建筑》,2008 年第 14 期。

[120] 曾晓辉：《对我国房地产市场宏观调控的反思》，《当代经济》，2007 年第 11 期。

[121] 张方华：《由政策调整到制度创新——重构中央与地方利益关系的路径选择》，《南京社会科学》，2000 年第 5 期。

[122] 张迁平：《关于房地产业宏观调控措施的有效性分析》，《统计与决策》，2008 年第 3 期。

[123] 张松峰：《日本房地产泡沫的经济史鉴》，《宏观经济管理》，2005 年第 16 期。

[124] 张协奎：《房地产宏观调控现状及其博弈机制分析》，《广西城镇建设》，2008 年第 1 期。

[125] 张亚明：《房地产宏观调控效果研究——地方政府行为视角》，《国家行政学院学报》，2008 年第 2 期。

[126] 张跃庆：《房地产业的发展与宏观经济调控的实施》，《中国房地信息》，2004 年第 8 期。

[127] 赵全军：《中央与地方政府及地方政府间利益关系分析》，《行政论坛》，2002 年第 3 期。

[128] 仲伟周：《公共权利委托代理运行的扭曲与管制》，《当代经济科学》，1999 年第 2 期。

[129] 周毕文：《房地产调控思路新探》，《商场现代化》，2008 年第 2 期。

[130] 王金秀：《政府式委托代理理论模型的构建》，《管理世界》，2001 年第 1 期。

[131] 王绍光：《健全的制度设计：正确处理中央与地方合作关系的关键》，《国际经济评论》，1997 年第 1 期。

[132] 王文群等：《房地产经济学》，经济管理出版社，2003 年版。

后　记

　　三年的博士学习生活转瞬即逝，回首往事，感慨颇多。此时此刻，我最想表达的还是感激之情。

　　首先，我要特别感谢我的博士生导师张汉亚教授。本篇博士论文的写作过程，始终都是在张老师的悉心指导下进行，他为我论文的写作耗费了大量的时间和精力，使论文得以顺利完成。张老师恪尽"传道、授业、解惑"之责，学识渊博，思维敏捷，治学严谨，对待学生宽容、平等而真诚，是我工作和学习的榜样和楷模。

　　其次，感谢我的论文评阅人，他们的评阅意见，使我的论文修改得更加完善，符合规范。

　　感谢我的同窗，特别是好友郝彦菲在写作期间给予的大力指导。感谢朋友们一直以来给予我的无私帮助和友谊！感谢国家信息中心公共技术服务部及政务系统项目处的领导和同事们，对我学习、工作的支持，使我有更多时间投入论文工作

　　最后，要特别感谢我的家人。他们始终不渝的理解、支持和宽容，让我深深感受到了亲情的温暖，他们永远都是我人生不断前行的精神支柱和力量源泉！这些都不足以表达我对他们的感谢之情，我只希望在未来的工作和学习中，能够不断努力，用好的工作成绩来报答师长、朋友和家人对我的帮助和支持。

贾一苇